El despertar de la Musa

Crear desde el Ser

María Isabel Saavedra Pouchard

@María Isabel Saavedra 2024
@M&S Publishing 2024
www.saavedracantautora.com
info@saavedracantautora.com

Ilustraciones: Martha Elena Hoyos / Lina María Cocuy
Diseño de portada: Bryan Valencia, Nina Díaz
Correcciones: Javier Correa Correa
Edición: Fritz Hentschel

ISBN: 978-1-7338726-4-5

Al Dios que me inspira y sustenta, al amor incondicional de mi familia, a mis amados alumnos cuyas historias y procesos han motivado este libro y a mi compañero de camino Fritz, de cuya grandeza, humildad y profundo amor, aprendo cada día.

El inicio

Si estás leyendo las páginas de este libro quiero darte inmensas gracias, primero por tenerlo en tus manos y segundo por confiar en las herramientas de este sencillo manual de ejercicios, en cuyo contenido se resume mi taller presencial de *El despertar de la Musa*, que facilito hace 15 años. Ejercicios que provienen de la investigación, la experimentación, del resultado y que seguramente te aportarán más que información; una metodología simple y eficaz que impulse la búsqueda de tu propósito poderoso, la activación de tu GPS interno, le dé claridad a tu quehacer creativo y ayude a desplegar las alas de tu imaginación, más allá de donde pensaste que podías expandirlas.

Te doy la bienvenida a esta travesía mágica por el mundo de las ideas, de la creatividad consciente y de la creación desde el Ser.

A través de mi propio camino he encontrado secretos, herramientas y mecanismos que han sido claves para aclarar mi mente, limpiar mi camino creativo, enfocarme, inspirarme, reiniciar mi perspectiva, accionar mi llama interna, crear una nueva historia, liberar el pasado y llevarme a otros niveles de pensamiento.

He sido una inquieta investigadora de la condición humana, de la naturaleza de la mente, de cientos de técnicas neurolingüísticas, de la experiencia de mis referentes y mentores que me han enseñado a crear una sólida obra creativa, expansiva y en permanente renovación.

Durante 20 años, he estudiado y entrevistado a decenas de maestros que han guiado mi camino al conocimiento. La importancia de definir un por qué y un para qué, conocer cómo han llegado, que cosas han evitado, cuál fue su motor de inspiración, el contenido de valor de sus proyectos y la manera como han cambiado millones de vidas a través de sus conocimientos y vivencias.

Fue así como me convertí en una buscadora de técnicas, de información, de saberes que van desde las culturas ancestrales, las metodologías de las religiones establecidas, los sistemas divergentes de pensamiento, las prácticas espirituales, la voz de los grandes motivadores, mentores, realizadores, psicólogos y todos aquellos que trabajan con la creatividad humana.

Descubrí en mi propia piel que, a pesar de tener una carrera profesional exitosa en el periodismo y la comunicación empresarial durante 15 años, lo único que mi Ser quería en ese entonces, era dedicarse a la música, a la creatividad, al oficio de hacer canciones, a facilitar procesos y al servicio de los artistas emergentes.

Cuando comencé mis talleres creativos, tuve un hallazgo revelador: un gran porcentaje de los asistentes (y de la población humana) no estaban haciendo lo que realmente querían, ni honrando el propósito de su Ser interno, ni se dedicaban a lo que verdaderamente constituían sus pasiones profundas, ni estaban desarrollando sus talentos, ni siguiendo la voz de su intuición. Descubrí que hay gente que sigue haciendo lo que le toca… no lo que quiere.

Más adelante explicaré cómo se inició todo este proyecto de ayudar a otros a abrirse un camino creativo a través de mis prácticas, evitarles dolores, errores y desaciertos, firmar contratos innecesarios y todas aquellas dificultades y desafíos que enfrenté en el pasado como artista, escritora y compositora y que solo retrasaron mi camino. El oficio de facilitadora de procesos fue desarrollándose simultáneamente con la pasión por crear canciones, escribir libros y dictar charlas, y me permitió la posibilidad de profundizar sobre la mente consciente y subconsciente y los sabotajes que, por alguna extraña razón, los seres humanos nos permitimos, viviendo de afuera para adentro y postergando nuestros sueños.

CONTENIDO

PRÓLOGO

Hay seres que llegaron a esta tierra definitivamente para inspirar a otros, a través de camino y ejemplo. En los muchos años que he convivido con esta mujer, he experimentado la más alta energía que pudiera tener un ser humano.

Como oceanógrafo y experto en informática me negaba a creer que existiera algo más que números, datos estadísticos, programas de computador, software y hardware y todo lo que no pudiera comprobarse a través de la razón, la ciencia o la práctica.

Sabía muy poco del mundo creativo, del universo de las ideas, de la manifestación consciente, del desarrollo personal y el alcance de metas, a través de un proceso interior. De hecho, hasta hace muy poco supe de verdad que era la creatividad, cual es su importancia, como se puede aplicar y que se puede lograr con ella.

Como en toda relación que se considere "funcional", antes cada uno hacía lo suyo. Yo me dedicaba a mi tecnología y ella a su oficio artístico. Cuando comencé a interesarme por sus seminarios de *El despertar de la Musa* descubrí que la creatividad es una condición humana inherente a nuestra naturaleza, algo sencillo que se desarrolla paulatina y metódicamente, con disciplina, voluntad, alegría y certeza, día tras día. Y que entre más se entrene esa mente creativa, más resultados proporciona.

Todo en esta casa es un ejercicio creativo cotidiano.

Desde las cosas más simples, hasta las más intrincadas que hacemos, las pensamos a partir de una emoción. Todas obedecen a un propósito poderoso, a un por qué alineado generalmente con el amor, el bien común, el bienestar y la libertad. Y está claro que la energía de la abundancia en todos los aspectos, es la misma que la energía del amor.

Cualquier persona puede encontrar información disponible y gratis para alimentar, expandir, alinear, elevar y despertar su creatividad, pero definitivamente las personas que la practican diariamente en su cotidiano vivir son las que han podido experimentar obras grandiosas, que hacen una diferencia sustancial en la vida de otros y en la propia.

La autora de este manual creativo ha escrito más de 700 canciones, 5 libros, varios poemarios, ha dirigido empresas culturales y teatros, ha desarrollado 3 talleres que dicta en varios países, ha liderado proyectos colectivos femeninos y yo he sido testigo del impacto que ha generado en su comunidad de oidores, seguidores, lectores, en su entorno familiar, a través de su evolución creativa, de su pasión por la vida, de su desarrollo diario, de su convicción profunda de que si no se comparte lo que se sabe y no obedece a propósitos mayores, no sirve.

Todos los ejercicios que propone son parte de su taller facilitado desde hace 15 años. Algunos parecen no tener relación con el quehacer creativo del ser humano. Pero mientras más se profundiza en ellos, más rápido comienzan a surgir ideas novedosas, proyectos, emprendimientos, obras creativas, que generalmente hemos postergado, por nuestras creencias limitantes y dogmas, por falta de disciplina, de voluntad, por imposibilidad de salir de nuestra zona de comodidad, o simplemente por esa característica que tenemos los humanos de aplazar las cosas que atañen al Ser.

Saavedra es una fuente de energía para todos los que estamos cerca de ella: así ha quedado demostrado a lo largo de la historia de sus canciones, sus conciertos, los intérpretes de su música, que siempre están buscando en ella un mástil, un punto de referencia, una voz experta, un apoyo para alcanzar sus metas, un apalancamiento para sus emprendimientos, un consejo que les evite un dolor, o cualquier atajo basado en su historia personal.

Su vida como mujer creativa, periodista, gestora cultural, artista y compositora en un mundo eminentemente masculino no ha sido nada fácil. Tuvo que enfrentarse al sistema, a los hombres de su industria musical con cargos de poder, al sexismo, al paradigma de que las mujeres autoras en el mundo de la producción son escasas y nunca podrán tener el mismo reconocimiento de un hombre. Solo hasta el momento en el que un autor reconocido en el mundo musical latino "avaló" su oficio como compositora de excelencia, pudo obtener su primer contrato internacional.

Después de estar firmada por dos de las compañías más importantes de la industria como artista durante sus años iniciales, comenzó a descubrir que era ella misma quien debía crear y liderar sus propios emprendimientos, proyectos, discos, obras, y aprender a gestionarlos, organizarlos, venderlos y sostenerlos en el tiempo. Con ello surgió la inquietud de ayudar el proceso de quienes venían detrás, para evitarles una buena parte de los errores, dolores, malos contratos, experiencias frustrantes, que vivió en los inicios de su carrera.

Ese mismo impulso de compartir sus conocimientos la llevó a crear hace algunos años tres experiencias pedagógicas: el taller de creatividad y creación consciente; ¿Dónde está la Musa?, el taller de creación autoral y, finalmente, una metodología práctica para que los artistas pudieran organizar su empresa musical y vivir de ello. Hay un poco de todos ellos en este documento de *El despertar de la Musa*, que en la actualidad sirve de manual para los que asisten a sus seminarios, talleres y conferencias.

Una forma práctica de aprovechar este material es elegir desde un inicio un "propósito poderoso", que sustente la ejecución de algún emprendimiento, obra creativa, una meta, un proyecto a desarrollar; desde alcanzar la paz mental, hasta crear una aplicación *online* para cocinar.

Cada capítulo propone ejercicios prácticos y simples, a través de los cuales el lector podrá ir desarrollando su plan de acción, aclarando su propósito fundamental, su por qué, su para qué, deshaciendo sus equipajes mentales, trascendiendo los procesos del pasado que no le permiten avanzar, haciendo conscientes sus limitaciones, creencias y paradigmas, transformando en poder sus miedos. También podrá desenmascarar sus excusas, acceder a esa parte del cerebro creativo donde está el impulso de la realización, desentrañar sus patrones subconscientes de limitación y, si lo aprovecha, podría iniciar un plan de acción fácil, práctico y organizado para lograr lo que se proponga en el ámbito de la creatividad.

Aterrizar los conceptos creativos no es una tarea sencilla. En un principio se creía que la Musa y la magia personal eran una cuestión exclusivamente de los artistas, músicos, creadores o inquietos.

La autora plantea todo lo contrario: todos tenemos una magia personal, una Musa creativa, esa energía invisible que comanda nuestros sueños, anhelos y metas. Invita al lector a conectar con la suya, a través de la búsqueda de un propósito poderoso, de oír la voz de su guía interna, sintonizar con ese sistema de sabiduría que todos tenemos y al cual accedemos solo cuando nuestra mente permanece en estado de quietud o alertamiento. Nos indica cómo acceder a nuestro GPS interior, cuando permitimos que nuestra voz ruidosa se aquiete para dar paso a que la mente creativa, haga lo que sabe hacer.

Son cientos de artistas, empresarios, emprendedores, gestores culturales, banqueros, ejecutivos, músicos, cantantes y compositores los que han asistido a *El despertar de la Musa* a lo largo de 15 años.

Algunos con años de experiencia gestando proyectos, otros que apenas se inician en este camino artístico o creativo. Lo más importante es que el taller presencial ha causado un impacto en la vida de muchos de sus asistentes. Creo que tiene que ver con que la autora, antes de enseñar, experimenta en carne propia todas las metodologías que propone, de una manera tan clara y sencilla que un niño las pueda entender y aplicar. Ella las practica y utiliza en sus propias creaciones con éxito, y eso la convierte en una voz de autoridad para la comunidad artística y creativa.

Su método para el despertar creativo es simple: comienza por limpiar la basura mental, desapegarse de lo que no nos sirve, tomar distancia de los ladrones de nuestra energía, optimizar el tiempo, estar en el presente, iniciar nuestra obra realizando primero lo más difícil, enfocarse inicialmente en una sola cosa y transferir la experiencia a otras, confrontar el miedo, agradecer constantemente, trabajar para convertir lo ordinario en extraordinario, asumir nuestros compromisos primarios y subyacentes, realizar acciones transgresoras, usar la neurolingüística aplicada a la creatividad, estar alerta de nuestras emociones, pensamientos e intenciones, crear rituales de felicidad cotidiana, observar a nuestro observador, enfrentar los desafíos día a día con gracia y desapego, y, en resumen, escribir permanente y diariamente, la nueva historia de nuestras vidas.

He aprendido junto a ella el poder de los hábitos, la importancia de decir ¡no!, de desenmascarar mis excusas y bloqueos creativos, a elevar mi energía vital y a des-identificarme completamente con la personalidad egoica, con aquello que hacemos que en realidad no es lo que somos, y forjar juntos lo que sea que queramos lograr, pero desde la libertad de ser, la alegría y la flexibilidad.

Le repito mi sugerencia, antes de empezar a leer este libro. Identifique cuál es su propósito mayor (el Ikigai le llaman los japoneses), que no es más que el cúmulo de aquellas cosas que hacen que vivir valga la pena, sus por qués, su para qué, aquello que le da sentido a su vida.

Aquí puede hallar una guía para identificarlo, si no lo tiene. Y luego, aplicar estas sencillas técnicas cotidianas que le harán expandir cualquier talento, cualquier idea creativa que haya aplazado por mucho tiempo o no se atreve a realizar, incluso, puede que en el proceso descubra, eso que usted tanto buscaba...la plenitud de ser, hacer y tener lo que quiera.

Fritz Karl Hentschel

EL GÉNESIS DE LA MUSA

Mi padre era, por naturaleza, un hombre "hacedor". No esperaba a tener oportunidades, las creaba. Aunque murió demasiado joven y partió cuando estábamos pequeñas, dejó nuestras vidas llenas de memorias buenas.

Yo me preguntaba ¿porqué impactó tanto la realidad de quienes estaban a su alrededor? A sus amigos, a mi madre, a sus compañeros de trabajo, a sus hermanos, a nosotras...

Con el paso del tiempo, cuando me mudé a Bogotá a estudiar, descubrí 2 o 3 libros que escribió breves y sencillos, durante su labor en el Ministerio de Trabajo de mi país, a sus veintitantos años. Fue el primer trabajo en su vida laboral, después de salir de la universidad. ¿Que tenía este hombre insondable, que casi no alcanzamos a disfrutar como hijas, que a esa edad, hablaba de las relaciones humanas, de la importancia del carácter y de la buena actitud, como cualidades fundamentales de las personas felices, de la influencia de una visión correcta y la transformación de creencias en el buen desarrollo de una persona? Decía además, que una sociedad justa que avanza hacia el bien común, es aquella que refleja la buena materia prima de sus individuos. Aquellos forjados desde la compasión, el trabajo, la flexibilidad y el entendimiento, pero sobre todo, desde la coherencia del amor. Mi papá representaba eso, la coherencia del amor.

Por obvias razones, me dispuse a entender su influencia en todo: su familia, su corta vida corporativa, en su matrimonio, en los seres que lo rodeaban y lo amaban y todo ese halo de alegría, afecto, sinceridad y alta consciencia, que dejaba a su paso.

Era un hombre creativo por naturaleza, intuitivo, acelerado, desbordante de energía, de pasión por la vida, por las pequeñas y simples cosas. Convertía los momentos en grandes aventuras, en experiencias, desde las más insignificantes, como comerse un helado, montar en bicicleta, hasta los largos paseos que hacíamos en temporada de vacaciones.

Puedo decir con certeza que a su lado, ¡la vida era una fiesta!

Después de su muerte, mi madre asumió el mando del "barco" con una valentía y entereza, que aún hoy le agradecemos. Nos convertimos en una familia matriarcal (4 mujeres), afincada en la fe, unida y resiliente, y aprendimos rápidamente a resolver los asuntos propios con celeridad, buen carácter y creatividad.

Entré a la universidad muy joven (no por precocidad sino porque así era en mi pueblo) y a los 20 años ya tenía un título profesional, dos trabajos y decenas de responsabilidades. Era una inquieta del conocimiento. En mi primer trabajo como practicante, hacía reportaje periodístico y tuve contacto con cientos de personas, sus expectativas, sufrimientos, ansiedades y sus propósitos. Por mucho tiempo me pregunté, ¿para qué sirve ser creativo? ¿Influye en el desarrollo de las personas? ¿En su bienestar?, ¿como se construye el carácter? ¿como nos frenan los paradigmas del pasado? ¿Como está estructurada la psiquis del ser humano? Para que nos sirve la mente: ¿para crear? ¿para razonar? ¿para procesar la información que llega de lo externo? Y sobre todo, ¿como la volvemos aliada y no freno?.

No entendía porque algunas personas con tanto potencial y talento lograban tan poco. En mi entorno laboral, una gran parte de los seres a mi alrededor trabajaban en lo que no les gustaba, sepultando muchas veces sus verdaderas pasiones, por supervivencia, por costumbre o por dogma.

¡Esa investigación duró 25 años! Y aún continúa.

Comencé paralelamente con mi formación periodística a explorar autores reconocidos en el tema, leer docenas de libros, tomar cursos con grandes expertos, entrevistarlos, analizar metodologías de pensamiento, sistemas de creencias, religiones, etc. Llegaba a conclusiones personales, pero siempre terminaba replanteándome todo y a todos. Al mismo tiempo, comencé una búsqueda personal que me convirtió en una "turista espiritual", como diría la gran psicóloga, Erika Isgut y su maestra Muñeca Geigel, una de las colaboradoras en la traducción de Un Curso de Milagros.

Probé muchos sistemas de pensamiento, herramientas y técnicas, con ansia de respuestas. Fue un proceso de ensayo y error. Cuestionaba mis leyes personales, mis dogmas como profesional y como mujer. Quería encontrar verdades, trabajar mis patrones mentales, crear deliberadamente mis proyectos, canciones, empresas, o lo que saliera de mi imaginación, pero desde un estado de paz y completitud, desde la abundancia, la alegría y la generosidad, no desde la ansiedad ni la competencia.

Ese es el génesis de la Musa y su metodología.

Estos son unos pasos simples que, con voluntad y disciplina, le han funcionado a cientos de creativos y a personas de todas las características, credos, oficios y culturas, que han tenido la experiencia de estar en mis talleres presenciales y virtuales. Claridad, limpieza, deshacimiento, un profundo proceso de perdón, incorporación de nuevas habilidades, hábitos y creencias, búsqueda de propósito, organización e implementación. Es simple de entender, de instaurar, pero se requiere compromiso, decisión y disciplina para obtener resultados.

Mi mayor deseo e interés es que obtengas precisamente eso, ¡resultados!, que recuerdes tu poder personal, que derrumbes cualquier obstáculo para tu creatividad, que construyas y cuides tu templo interior, que vivas el proceso creativo desde adentro, amándote y aceptándote incondicionalmente tal y como viniste al mundo, agradeciéndolo todo, confiando en la Fuente Creadora o Infinita, despejando el humo de tu visión, perdonando tus pasados y sintiendo tu presente plenamente.

Por eso, inventa tu propio ritmo, date tu tiempo, enamórate del silencio, haz los ejercicios con voluntad, honestidad y disciplina, repite los patrones positivos, trabaja los negativos, enfrenta a tus monstruos internos, cambia tu percepción, establece un plan de acción, pero sobre todo, encárgate de mantener tu llama interna encendida, la chispa que da inicio a tus ideas, proyectos, oficios y suelta los resultados al Plan Infinito.

Todo lo demás… vendrá por añadidura.

LA METAMOSFOSIS

En estos últimos 20 años, la experiencia y la investigación me han llevado a involucrarme en todo lo relacionado con la creatividad consciente y a desempeñarme como facilitadora de procesos creativos. Mi formación como comunicadora social-periodista y mi gran pasión por la creación musical y literaria, escribiendo para decenas de artistas destacados del mundo hispanoparlante y ofreciendo seminarios sobre la mente creativa, hicieron que me enfocara en el funcionamiento de ésta y su capacidad de crear proyectos, a partir de sus procesos internos.

Durante años he alternado mi oficio de autora con el de facilitadora creativa, con un considerable número de asesorías y consultas, en las que un porcentaje muy alto de personas dicen sentirse incompletas e insatisfechas (incluso gente muy exitosa social y profesionalmente) en su vida personal, empresarial, afectiva, e inquietas por considerar que, hasta ese momento, no han emprendido la mayor obra de su vida, aquello que dejaría una huella personal de su paso por este plano terrenal.

Su frustración o sentido de vacío por lo general parte de sentirse muy ocupados mentalmente resolviendo conflictos cotidianos de toda índole, como para intentar acceder, diseñar y llevar a cabo con éxito su mayor anhelo creativo postergado por años. Sea la vida de sus sueños, su negocio, su armonía familiar, su transformación espiritual, su expansión financiera o aquello que constituye la más alta visión de su potencial.

Como en todo existe conectividad, esto me transportó al pasado, en mi etapa de docencia en una prestigiosa institución educativa en mi país, donde los jóvenes a tempranísimas edades sentían la misma necesidad de cambio y plenitud en sus vidas. Después de 20 años, puedo decir que el patrón de pensamiento era muy similar entre esos adultos de hoy y los adolescentes de aquella época. Ambos tenían el deseo genuino de re-dirigir sus vidas hacia un estado general más pleno.

Así, y casi involuntariamente, nació: ¿Dónde está la Musa?, el taller que cobija casi todos nuestros seminarios y que generó este manual de *El despertar de la Musa*.

Les conté inicialmente que desde joven he sido una mujer inquieta por el conocimiento de la psiquis humana y el comportamiento de las personas frente a sus estímulos sociales, culturales y religiosos. Desde muy niña se me otorgó gran libertad de pensamiento y de creencias, y así fui forjando un camino propio, convencida de que había algo más, no revelado hasta ese momento para mí, que tenía que ver con la mente y el espíritu, con crear cualquier cosa gestada desde lo más profundo del alma, sin intervenciones ni interferencias de la ruidosa mente consciente.

Empecé a trabajar en mi propio diagnóstico personal.

Siendo una ejecutiva empresarial con una compañía muy próspera en gestión cultural, logré combinar mis habilidades y dones con bastante éxito y, pese a mi naturaleza y genética feliz, vivía en una permanente ansiedad, falta de paz interna y en una competencia de capacidades hasta con mi propio esposo. Sentía que ese éxito profesional y esa búsqueda espiritual de muchos años no eran coherentes con el resultado. Era una "intranquila exitosa" y cada vez obtenía más y más logros personales, empresariales, financieros y hasta musicales, pero con una profunda sensación de vacío…un algo que no sabía definir.

Así que, resuelta a encontrar ese otro camino de la plenitud y paz elegidas, empecé a buscar señales, libros, personas, oportunidades de cambio, conferencias, talleres, herramientas y todo aquello en lo que intuía que había respuestas a mis decenas de preguntas.

La primera manifestación de metamorfosis se dio cuando cerré mi empresa, hice cambios drásticos de casa, de oficio, de identidad y de país. Tomé la decisión de seguir la voz del interior. Necesitaba aprender a silenciarme y tomar distancia de lo vivido hasta el momento. No me importaba lo duro del camino, el tamaño de los desafíos, o lo que tuviera que vivir para hallar ese estado anhelado de completa unicidad con mi Ser.

A partir de entonces, llegaron grandes y difíciles lecciones para mí. Era una creativa innata desde los 9 años de edad, así que confiaba en mis capacidades y talentos para hacer una carrera destacada, hacer crecer los frutos, escarbar dentro de mí y que todo ello se reflejara en mi obra. Fue un camino largo y doloroso.

Un par de años después de mi llegada a Estados Unidos de Norteamérica, en un intempestivo y absurdo accidente de tránsito, en el cual tres adolescentes apostaban una carrera de motos en plena autopista, mi auto y dos autos más detrás del mío, fuimos arrollados por uno de los jovencitos que había perdido el control a tan alta velocidad.

En las escenas confusas que mi mente ha decidido borrar conscientemente, aún sobrevive la de un policía apuntando con su arma hacia mi carro y a quienes viajábamos en él. En medio de aquel caos, yo exigía a voz en cuello mis "derechos ciudadanos", pero fui acusada, entre otros cargos, de "actitud temeraria". El proceso duró un año y miles de dólares.

De aquella vivencia me quedaron grandes experiencias. Tal vez la fundamental fue reafirmar con una certeza absoluta que mi mente era un caos, que algo drásticamente tenía que cambiar y era la única responsable de trabajar conmigo, con mi "ego santo", con el mal carácter, con la intolerancia, sin dilación y sin pausa.

Algo me salvaba inevitablemente de caer en el desánimo creativo, en la apatía, o en la sensación de dificultad por llegar a un país de inmigrantes en busca de expansión y haber vivido una situación tan traumática comparada con mi cómoda vida anterior. Eso que me salvaba se llamaba "propósito mayor" o el Ikigai, como le llaman los japoneses.

Y ese propósito mayor fue el inicio de la metamosfosis. Por alguna razón que no entendía, algo por dentro comenzó a hacer su transición. Quería ser solo el canal para que la música fluyera a través de mi (sin tanta intervención de la razón). Las canciones que empecé a escribir en aquella época eran diferentes, honestas, directas y viscerales. Ellas tenían alas propias, llegaban a donde tenían que llegar, desafiando ese mundo comercial de la música del momento. Incluso fueron fuente de inspiración para muchos inmigrantes latinoamericanos que las oían. Tuve el primer éxito radial en 2004 con una canción llamada "Yerbabuena" y otra que titulé "De eso se trata". La mayoría de ellas hablaban del derecho que tenemos a equivocarnos, a empezar de nuevo, a buscar lo que resuene en cada uno, respetando el camino ajeno, a abandonar la culpa, a perdonarnos y, sobre todo, a limpiarnos internamente para crear sin filtros desde nuestro más alto estado de Ser. Después seguirían ¨Segunda Virginidad¨, ¨Cambiar de Piel¨, ¨Contar Conmigo¨, ¨Una Nueva Mujer¨, ¨Yo Soy Tu¨ etc.

Terminé dictando una charla informal en la universidad pública más importante de la Florida, sobre mi difícil proceso, su influencia en la inspiración a la hora de escribir libros, canciones, artículos de prensa, epigramas y a partir de un estado mental diferente, libre de juicios y basado en una experiencia de revolución interior que estaba afianzándose cada vez más. Nació allí un seminario creativo que hoy en día es una metodología utilizada por cientos de alumnos en su vida diaria, para darle un nuevo giro al destino de sus creaciones y de sus expectativas acerca de la plenitud y del sentido de la vida.

Partí de la urgencia de cohesionar, de unir como piezas de un rompecabezas, todas las técnicas, talleres, entrevistas, seminarios, libros, metodologías y sistemas de pensamiento que había experimentado hasta ese momento, para llegar a desarrollar lo que ahora considero un método simple y práctico de creatividad deliberada al alcance de cualquiera.

Para empaquetar este cúmulo de vivencias propias y de personas a mi alrededor, he trabajado en equipo con algunos sociólogos, escritores, terapeutas, médicos, creativos, así como psicólogos y neurolingüistas. Conforme pasan los años, he descubierto, que en la medida en la cual el camino personal sea eficaz y con unos resultados concretos, lo será igualmente para quienes estén recibiendo y practicando las herramientas.

A medida que transcurre la historia del mundo, aquello a lo que llamo singularidad, es decir la Musa personal, la impronta, la magia individual, esa energía invisible que nos abarca y contiene, ha ido diluyéndose en los humanos, con este maremágnum de la globalidad, las tecnologías, los aparatos móviles y sobre todo la inteligencia artificial, que nos está haciendo menos inteligentes, menos conectados con nuestra guía interior y más ansiosos.

Y es aquí donde evoco y honro a mis grandes maestros de vida y creatividad desde la adolescencia hasta la época universitaria: Francisco Herrera, Jorge Eliécer Pardo, Andrés Samper Geneco, Antonio García Andreu, mi padre, el escritor y periodista Eduardo Saavedra Navarro–, mis referentes Mercedes Ochoa, Arturo Guerrero, María Mercedes Carranza, Ciorán, Benedetti, Neruda, García Márquez, todos ellos forjados a partir de la raíz, desafiando sus dogmas y enfrentando sus mostruos internos, fieles a su sentir más que a su razón. Y termino recordando a uno de los más grandes y creativos, el gran Guillén:

"Entre más particular seas, más universal serás".

CAPÍTULO 1 - TAN CLARO COMO EL AGUA

Del caos a la claridad

Seguramente alguna vez en tu vida, igual a como me pasó a mí, has tenido que enfrentar la incertidumbre de no saber qué es lo que realmente quieres. Al tener la duda incluso llegas a sentirte desesperado, frustrado y perdido.

Quiero decirte que no eres el único que ha pasado por ello. Todos los seres humanos nos hemos visto envueltos en la encrucijada de nuestra vida, de no saber si estamos haciendo lo que realmente nos apasiona.

Sin embargo, en vez de paralizarnos en la desesperanza y la incertidumbre, hay otra opción y es buscar, hurgar, investigar métodos, usos, maneras para motivarnos a comenzar nuestra propia búsqueda personal, la exploración de esos rincones profundos de nuestra esencia. Darle claridad a nuestra mente, proveerle los espacios para dejarla en estado de quietud, enseñarle a callar el ruido interno, o al menos convertirla en nuestra aliada, porque, desde esa transparencia, ella es capaz de obtenerlo todo, planearlo todo, imaginarlo todo, forjar objetivos sustentables y encontrar la profundidad de nuestro propósito.

Pero ¿cómo descubrir lo que anhelamos, lo que queremos construir a partir de nuestros talentos, en este vasto lienzo de posibilidades?, ¿cómo saber realmente si estás haciendo aquello que quieres? ¿cómo despejar la neblina mental y dejar de llenarla de información para evaluar descarnadamente tus deseos, pasiones profundas y de paso, tus sabotajes?

Fue a raíz de mi propia confusión que decidí dedicar el primer capítulo del libro y del seminario presencial, a compartir las formas que me han funcionado, para clarificar mi mente, despejar el panorama creativo, definir mis objetivos, despertar esa llama interna y a responsabilizarme por mantenerla encendida.

Aquí podrás sumergirte conmigo en la posibilidad de acceder a esa luz mental, a la conexión con tus deseos más genuinos. Planteo unos ejercicios simples, aplicables, eficaces y fáciles que puedes practicar en tu día a día y comenzar el viaje que te permitirá despertar la Musa poderosa y única que habita en ti.

Es importante que sepas que la Musa creativa, la chispa de la experiencia humana y la pasión ardiente están en alineación con nuestros valores más arraigados, con nuestros sistemas de creencias, pero sobre todo con la energía más poderosa que existe...el amor.

Cada paso que daremos, junto con los ejercicios, planteamientos, metodologías y actividades que encontrarás, te acercarán un poco más, cada que avances, a develar tu propósito, tus pasiones genuinas, pero para que todo este proceso sea exitoso, necesitas comprometerte contigo mismo, dedicar tiempo a la reflexión y a la exploración de los cimientos que forjan tus creencias y tu propio Ser.

Además, para aclarar tu mente, la búsqueda no se limita al

mundo interior. También es importante lanzarnos audazmente a la experiencia de abrazar lo desconocido, probando nuevas rutas y expandiendo nuestros horizontes. Así, a partir de tomar acción y probar cosas nuevas, descubrirás lo que te enciende el alma. Es aquí donde te ilustrarán estas técnicas simples pero poderosas para despejar el panorama mental y crear lo que te dé la gana. Ellas abarcan desde la serenidad de la meditación hasta la disciplina de la organización personal. Y al usar las herramientas, podrás trascender los obstáculos y acercarte un paso más a la claridad deseada.

El proceso de despejar la mente es un viaje único para cada uno de nosotros. Por eso, no temas cometer errores. Lo importante es adaptarse a los cambios y mantenerse fiel a la búsqueda para descubrir tu propósito, sin importar cuán intrincado sea el camino. En última instancia, en este capítulo exploraremos cómo encontrar la claridad no solo como un fin en sí mismo, sino como un faro que ilumina el camino hacia tus sueños más profundos. Con paciencia, determinación y un corazón abierto, te invito a adentrarte conmigo en el territorio de la mente clara y el espíritu libre.

¿Sabes lo que en realidad quieres?

Una de las búsquedas humanas más difíciles es la de nuestra identidad, de aquello que somos, de lo que queremos, de lo que proyectamos a otros, de lo que anhelamos para nuestra vida. Vamos construyendo y defendiendo nuestra identidad a medida que avanzamos. Sin embargo en el camino del Ser, deberemos estar alertas para saber que somos mucho más de lo que fabricamos como nuestra ¨identidad¨.

Digamos que durante nuestra infancia todas las cosas se nos revelan de manera mágica; cuando pasamos a la adolescencia ya comienzan los desafíos, las decisiones, los cuestionamientos, tenemos confusión con relación a quienes somos, pero cuando llega la adultez, ahí sí que nos perdemos.

Comenzamos a erigir paredes de miedo, muros sólidos basados en creencias que no necesariamente son verdad. Dedicaremos más adelante un capítulo entero sobre el significado e importancia de las creencias.

Cada uno de los seres humanos constituye un universo andante, lleno de paradigmas, leyes personales moldeadas por su cultura, el lugar donde nació, su lengua, sus experiencias, temores, culpas, lo que oyó de sus padres y maestros y aquellas pequeñas cosas que van construyendo nuestros patrones mentales. En el camino de la conciencia y la creatividad hay que estar atentos a la voz interna (no la de nuestra cabeza parlanchina), sino la de nuestro corazón, lo que algunos llaman intuición, sexto sentido, la guía interior etc.

Las gafas de nuestra visión de la realidad están influenciadas por todo lo mencionado y generan un ruido invasivo, un humo gris, una la niebla que nos aleja paulatinamente de los deseos más hondos de nuestro Ser.

La mayoría de las veces, no nos permitimos quitarnos las gafas y verlo todo con una perspectiva completamente inocente, fresca, sin filtro, sin prejuicios, una visión que refleje el estado limpio de nuestra guía interna, fluyendo desde el momento presente.

La vida nos va envolviendo con su velocidad y vamos perdiendo capacidad de silenciarnos, de cuidar esa llama interna, esa chispa invisible que finalmente es la única responsable de saber y dictarnos lo que en realidad anhelamos. Saber lo que queremos es un proceso personal y distinto para cada individuo. En lo más profundo, nadie puede ayudarnos en ello. Solo nosotros podemos lograrlo, activando ese sabio mecanismo interno. Y en ocasiones tarda muchos años en develarse.

Solo algunos pocos tenemos la fortuna de saber lo que queremos desde el útero materno. Bien sea por herencia, genética, por un entorno adecuado, por arraigo familiar, o por tener el genio creativo, por causalidad, entre otras razones.

Te revelaré algunas técnicas muy simples que podría aplicar un niño, para ayudarte a saber qué quieres lograr, no solo con tu creatividad, sino en algunos aspecto de tu vida.

¿Como diablos empiezo?

Si deseas detenerte a profundizar en el conocimiento real de lo que quieres, te ayudará el hecho de buscar experiencias, probar nuevas cosas que te hagan salir de tu zona de comodidad.

Puedes participar en diferentes actividades, conocer nuevas personas y tener nuevos grupos de amigos, expandir tus relaciones y mejorar las existentes. A través de estas experiencias, podrás descubrir honestamente que quieres, pero, sobre todo, que es lo que no quieres seguir creando para tu vida.

Permítete también cometer errores. No tengas miedo a equivocarte. Los hacedores sabemos que de los errores nace la maestría. Busca tus referentes, es decir, aquellos individuos a quienes admiras, a quienes sigues con vehemencia, porque son una fuente inmejorable de inspiración. Si te provoca y es tu estilo, crea tu estrella polar, tu pirámide de los sueños, tu mapa de ruta, es decir, un cartel donde puedas visualizar con gráficas, frases o fotos, lo que anhelas. Hablaremos de ello detenidamente más adelante. Ahora lo más importante es que abras tu mente, comprendas los conceptos y comiences los ejercicios.

Callar a la lora

La creatividad prospera en una mente clara y despejada. En esta sección exploraremos técnicas avanzadas de claridad mental desde la meditación, presencia total o *mindfulness*, hasta estrategias de organización personal que te permitirán eliminar las distracciones y crear el espacio mental que necesitas para que las ideas florezcan. En una fase posterior emprenderemos la visualización de objetivos creativos.

Más allá de la claridad, nos sumergiremos en la importancia de visualizar objetivos concretos. Exploraremos técnicas para transformar sueños abstractos en metas muy específicas, alcanzables y sostenibles, usando la visualización como herramienta poderosa para canalizar nuestra energía hacia resultados tangibles.

No hay resultados sin una mente despejada. Aclarar la mente es el primer paso para que crees lo que te provoque, para reducir el estrés, mejorar el enfoque y tomar decisiones con mayor asertividad.

Lo primero y más poderoso que recomiendo y que aprendí de mis grandes mentores y referentes en diversas disciplinas, Erika Isgut, Diana Jaramillo, Tony Robbins, Gisela Fabelo, Dr. Hugo Galindo, Dr. Gerson, Dr. Hammer, el Curso de Milagros, los monjes tibetanos, entre otros, es iniciar algunos pasos eficaces:

- ***Mueve tu cuerpo…. cambia tu fisiología:*** resulta casi imposible cambiar los pensamientos, clarificar la mente o establecer un foco, sin un cambio en nuestra fisiología, es decir, el estado general de nuestro cuerpo. Una transformación de nuestra parte física incluye muchos aspectos: la disposición, la posición, la actitud, el movimiento, la expresión facial, la postura de la espalda, los hombros y el cuello, etc. Si te obligas a moverte y activar cada parte de tu cuerpo, cambia tu bioquímica, liberas endorfinas, es decir, los neurotransmisores que mejoran tu respuesta mental, tu estado de ánimo y reducen el estrés.

- ***Apaga tu teléfono y enciende tu cerebro…*** volvimos a la era de las cavernas, solo que ahora la caverna es una caja. Una caja de televisión, una caja telefónica, una caja con ruedas, una caja con señal de internet, una caja para mirar la realidad virtual, etc. Estamos sumergidos en una "realidad irreal", en un mundo virtual, que, a través de sus estereotipos, exigencias, demandas de tiempo y energía nos consumen la vida. Tomarte un tiempo para desconectarte de los dispositivos electrónicos y las redes sociales puede ayudarte a reducir la confusión y saturación mental. Te empiezas a querer un poco y a avanzar en construir lo que quieras, cuando gestionas tu tiempo, cuando reconoces cuál es la medida de tu adicción al ruido externo. Cuando sumas los minutos que dedicas a internet, al teléfono, a la tele y en su reemplazo empiezas a conectarte contigo mismo.

- ***Dúermete mente, ábrete sésamo…***es decir, descansa. La falta de sueño y descanso pueden afectar negativamente la claridad mental y la concentración de las personas. La mente que no descansa no tendrá la disposición de crear, o al menos de crear desde donde nos proponemos...la paz y la plenitud.

- ***Medita, calla y respira…*** en todas las culturas ancestrales la meditación ha sido y será siempre una práctica eficaz para calmar la mente y mejorar la claridad mental. Puedes comenzar con sesiones cortas y aumentar gradualmente el tiempo a medida que te sientas más cómodo. Aunque la meditación ha sido un tema tabú para algunos, porque creen tener dificultad para la concentración, en realidad la meditación es aquietar la mente y dejar pasar los pensamientos conscientemente. Lo lograrás con una adecuada respiración, pero sobre todo con práctica. En un punto más adelante, te daré algunos secretos, para comenzar a meditar y respirar. Para ello, tengo mis grandes maestras, mi hermana y sobrina, instructoras de yoga, respiración y pilates. Ellas me enseñaron a respirar y practicarlo sin misterios y de una forma fácil. Solo es cuestión de empezar.

• ***Lo que no se escribe, no se fija…*** la mejor forma de incorporar un pensamiento o aprendizaje es escribiéndolo. Escribir lo que piensas, en un cuaderno o diario, puede ayudarte a procesar las emociones y clarificar tu propósito. Puedes anotar tus pendientes, tus metas, preocupaciones o simplemente aquellas reflexiones sobre tu día, tus sentimientos, tus motivos de agradecimiento, etc.

• ***Lo que no sirva, que no estorbe…*** cuando tengas un foco definido, ¡establece prioridades y no te distraigas! trabaja con un calendario de fechas concretas y puedes organizar tus tareas. Además, te ayuda a sentirte en control sobre tus obras, tus metas y tus talentos, a reducir la sensación de agobio o preocupación y así poner orden a tu caos mental. Tener además un GPS de acción, que poco a poco irá dando frutos increíbles. El capítulo final de nuestro manual se dedica a la planeación y organización.

• ***Liberar al león…*** pasar tiempo al aire libre y en la naturaleza puede tener efectos espectaculares en la mente. Caminar, hacer senderismo, pasear por un parque o simplemente sentarse en un entorno natural, o al lado del mar y nadar en un río, sí o sí, te pone en un estado total de apertura, de bienestar. La naturaleza es una fuente inagotable de buenas ideas, cuando tenemos el enfoque suficiente para mirar con detalle y la agudeza necesaria para disfrutarla.

• **Aquí y ahora...** El único sitio y el único momento. Los seres humanos nos hemos acostumbrado a pensar desordenadamente y en "piloto automático". Algunos psicólogos han determinado que repetimos el 80% de nuestro "parloteo" mental durante todo el día. Practicar la atención en el instante presente, en el aquí y el ahora (*mindfulness*), puede ayudar eficazmente a estar, a crear con toda la fuerza de tu Ser. No hay pasado ni hay futuro, son un constructo mental. Tu único punto de poder, es el presente que transcurre.

El concepto de pasado es un ancla, representa la nostalgia de lo que fue, y el futuro, la ansiedad de lo que será.

• **Si no lo sabes...estúdialo y apréndelo...** todo aquello relacionado con la mente se aprende, se practica y se cambia. Identifica qué necesitas para callar a tu loca mental. Aprende a escuchar, a no enjuiciar, a no etiquetarlo todo, a abandonar el deseo de querer tener la razón, de contar tu rollo a los demás. Y, sobre todo, aprende a amar el silencio y la quietud. Busca personas que te inspiren, libros que edifiquen, seminarios para ello, técnicas en internet, o lo que necesites aprender. Hay una frase reveladora cuyo autor desconozco, pero me encanta:

"Solo observa... el mundo no necesita de nuestra opinión"

EJERCICIO # 1.   CLARIDAD

1. ¿Qué harías hoy, si supieras que no vas a fallar?
Ejemplo: me inscribiría al premio Cervantes de la lengua española.

2. ¿Qué quieres obtener de este taller?
Ejemplo: claridad en mis objetivos, un plan de negocios, sanación, etc.

3. ¿Cuál es tu deseo más ardiente?
Ejemplo: ser feliz, montar mi negocio, casarme, ser abundante, etc.

4. ¿Qué es aquello que no has podido lograr?
Ejemplo: tener un trabajo estable, paz, crear mi empresa.

5. Tres cosas que consideres, que te están deteniendo.

6. Menciona algunas de tus pasiones más recurrentes (desde la infancia).
Ejemplo: me apasionaba escribir poemas.

7. ¿Cuál es el sueño que estás esperando que se haga realidad?

8. ¿Cuáles consideras que son tus compromisos primarios (inmediatos o cotidianos)?
Ejemplo: mantener a mi familia, criar a mis hijos, etc.

9. ¿Podrías identificar tus compromisos subyacentes (inconscientes)?

Ejemplo: ser una persona libre, ayudar y servir a los demás, ser apreciado y amado por todos, etc.

10. ¿Coinciden tus dos compromisos anteriores?

¿Sí o no y por qué?

11. ¿Cuál es mi talento natural?

Ejemplo: ¿Para qué creo que soy bueno/a?)

12. ¿Qué cualidades reconocen los otros en mí?

13. ¿Cómo te gustaría que fuese tu vida en los próximos 3 años?

14. ¿Cómo obtienes el sustento de tu vida diaria?

Ejemplo: soy cajero de un banco, mi esposo me sostiene, tengo mi empresa de…, etc.

15. ¿Tu forma de sustento diario coincide con tu pasión?

16. Algunas palabras que describan tu sitio/ambiente de trabajo o tu lugar de habitación.

Ejemplo: armónico, oscuro, etc.

17. ¿Consideras que tu entorno, espacio o lugar de trabajo favorece tu atención y tu creatividad? *(Describe cómo te gustaría que fuera).*

18. ¿Cuáles son tus mayores miedos? *(¿Hacer el ridículo, no ser original, no tener paz?, etc.)*

19. De acuerdo con tu naturaleza, a nivel general ¿te identificas con lo desafiante o lo moderado?

20. ¿Tu vida diaria refleja un acto de coherencia con tu pasión? ¿O de auto sabotaje? *Explica por qué.*

Limpiando el desorden

Los amigos de la pobreza mental… son el caos, la suciedad y la apatía.

No hay nada que robe más tu energía que la falta de orden, de un espacio limpio donde puedas trabajar y explorar tus talentos, saberes o habilidades, sacar a la conciencia tu genialidad. Por ello, es clave para comenzar a acceder a tu mente creativa, limpiar tu entorno físico y deshacerte de lo que no usas, de lo que está en mal estado, de la ropa que guardas innecesariamente, de lo que no cumple función alguna, de tus apegos materiales; todo ello, antes de aprender a limpiar tu espacio mental.

Cuando me mudé a vivir a Estados Unidos para vivir de la música, empaqué mi vida entera en una maleta de 23 kilos. Sin mirar atrás y con la fuerza que da un propósito suficientemente inspirador, tuve el apalancamiento perfecto para comenzar de cero y de nada.

Hay una canción que escribí por aquella época y se convirtió en mi mantra:

Empezaron los años a quitarme culpas
y voy detrás de toda la felicidad
estoy jugando el juego de mi propia vida
donde la apuesta es perder para ganar
de eso se trata, de equivocarse
y de perder el miedo y no querer salvarse
de eso se trata la vida misma
de mil veces errar y luego perdonarse.

Estas prácticas sencillas apoyarán tu proceso inicial de limpiar el caos. Te lo digo con el corazón, sin claridad y limpieza (de todo), no podrás empezar nada saludable, expansivo ni exitoso.

1. **Crea un espacio personal,** un oasis creativo, tu lugar íntimo de creación, ojalá iluminado con luz natural, cerca de una ventana, y conviértelo en tu templo. Siembra una planta alrededor, pega recordatorios, ponle cosas que te agraden y conecten con tu fuente interna.

2. **Ordena tu calendario diario,** dedica un tiempo fijo y siempre a la misma hora para echar a andar tus creaciones y construye el hábito de trabajar en ellas con un método, disciplinar tu mente con un horario, escribir tus prioridades y comenzar por lo más difícil.

3. **Aprende y explora la respiración consciente:** aunque ya lo mencioné en el punto anterior, el ejercicio primario para cambiar cualquier estado mental es la respiración consciente; realizar aspiraciones profundas y exhalaciones lentas para ayudarte a relajar la mente a liberar el estrés de los problemas cotidianos, a despejar el terreno para comenzar a crear desde la claridad y la transparencia. Para ello no necesitas posiciones complicadas o disponer de un espacio muy amplio, ni de elementos adicionales, olores, velas, imágenes, etc. Tampoco implica leer manuales intrincados para aprender algo que es inherente al ser humano. Lo más importante de la respiración es volverla consciente, es hacerlo con intencionalidad y propósito: hay respiraciones para calmar la mente, para elevar nuestra energía, para bajar la presión arterial, para dormir mejor, etc. A través de mi hermana Ángela, maestra de yoga graduada y una de mis grandes mentoras en el arte de respirar, he aprendido que se puede generar cualquier estado del cuerpo a partir de la

respiración. Calmarlo o despertarlo, activarlo o relajarlo, e igual pasa con nuestra mente.

4. **La meditación del minuto:** en el segmento anterior, te hablé de la meditación. Pero en esta ocasión, ésta que te recomiendo es específicamente para quienes no estamos acostumbrados a meditar con disciplina y método. Pero déjame decirte que si verdaderamente quieres limpiar tus cucarachas mentales y ponerle el acelerador a tu creatividad, no dejes de intentarlo. Pon la alarma en tu celular, para que se repita cada hora. Ese pequeño ejercicio en 3 tiempos (aspiras en 4, retienes en 4, exhalas en 5) es la puerta de tu calma y limpieza. Impacta tu bioquímica y tu estado general. Y dura un minuto.

5. **Dime qué oyes…y te diré cómo creas:** elige tus influencias creativas. Lo que escuchas, lo que lees, lo que ves, puede determinar el nivel de tus creaciones. Si quieres crear canciones, poemas, libros, emprendimientos, proyectos, música de excelencia, busca referentes de excelencia. Lo que oyes, antes de sentarte a desarrollar tus ideas, te pone en el canal correcto o incorrecto.

Lo que funciona para mí es la música de relajación, el jazz, la música de mantras, o simplemente las canciones que me evocan recuerdos de infancia y únicamente la oigo cuando quiero forzar mi capacidad creativa o despertar esa creatividad dormida. Por lo general, en nuestra casa no escuchamos ningún tipo de música, ni existen aparatos de televisión o radios, por lo cual, gran parte del día, el silencio es nuestro mejor aliado y la mayor fuente de inspiración.

6. **Los rituales de vida diaria:** las cosas más poderosas que he aprendido a incorporar en mi rutina de cada día: hacer silencio 5 minutos, ejercicio físico, las tinas de hielo (crioterapia), un

batido energético (solo jugos verdes), una sesión de estiramiento, empezar el día haciendo lo más difícil que tengas pendiente, dar gracias, entre otras prácticas, que son altamente beneficiosas para despertar al león interno de nuestra creatividad.

7. **Borrón y mente nueva:** descarga tu *software* mental cada noche. Despójate de la adicción de pensamientos, silencia los datos, recuerdos, cosas negativas del día, pues tu nube mental está llena de pensamientos, patrones y emociones. El hábito de liberarlos es poderoso para crear nuevos.

8. **La humanidad Zombi:** Igual que el el tema de la claridad, para "limpiar" también toma distancia de los medios audiovisuales, de los estímulos externos y de las pantallas como la televisión, teléfonos inteligentes, computadoras. No permitas ruidos innecesarios y distractores. No necesitamos vivir la vida de nadie, solo la nuestra. Aprendí a ocuparme solo de los aspectos que puedo impactar con mi ejemplo, mi ayuda o mi gestión. El resto del tiempo, la energía y esfuerzo, lo invierto en el cultivo de la creatividad, de nuevas habilidades, el fortalecimiento de mi espíritu y de mi relación con Dios.

9. **Finalmente,** te comparto mis terapias elegidas cuando quiero purificar mi cuerpo, mente y espíritu. Algunos de los mentores con los que he crecido y he desarrollado mi limpieza, mi creatividad y espiritualidad sugieren técnicas psicológicas, físicas y nutricionales, que han sido fundamentales para mi proceso creativo, y por eso aquí te las comparto: generalmente pido guía a algunos expertos, libros y técnicas en las que confío: Hugo Galindo, médico funcional y creador del Método Ephetá y la dieta del Arcoiris, la

Terapia Gerson, técnicas de yoga y pilates, magnetoterapia del Dr. Jorge Mejía, las lecturas del Dr. Hammer, Dr Ardrew Weill, el Riordan Clinic en USA, entre otros.

Aquí te describo algunas que he desarrollado con mis expertos de cabecera:

- Colonterapia.
- Ozonoterapia.
- Vitamina C intravenosa.
- La dieta del Arcoiris del método Ephetá.
- Ayuno intermitente.
- Adaptógenos (investígalos e incorpóralos).
- Magnetoterapia.
- Nutrición cetogénica.
- Agua con sal marina ingerida adecuadamente (Asea).
- Exposición al sol (moderado).
- Alimentos orgánicos.
- Íonización (máquina de iones).
- Críoterapia (terapia con frío y calor).
- Masajes terapeúticos.
- Acupuntura.
- Comida ayurveda.
- Jugos verdes y Agua con PH plus.
- Reducción del azúcar, el glúten, los lácteos, la sal, alimentos procesados y el alcohol.

A continuación, un ejercicio con técnicas eficaces y sencillas, para limpiar tu cuerpo físico, tu entorno, tu casa, tu habitación y tu sitio de trabajo.

EJERCICIO # 2   LIMPIEZA

CREAR ESPACIO ADECUADO

¿Qué tal que hoy te dediques a limpiar tu entorno? Este es un buen momento para deshacerte de todo lo que no uses, lo que ocupe innecesariamente un espacio en tu zona de descanso y de creación. Comienza evacuando papeles viejos, recibos, utensilios de cocina, revistas, adornos, objetos, ropa y todo aquello que conscientemente sabes que no cumple propósito alguno.

Así, estás creando el espacio mental y físico adecuado para tu inspiración y creación y al mismo tiempo, dejas ir lo que no cumple ningún propósito en tu experiencia. Este ejercicio te permitirá ver con claridad cómo, cuándo, por qué, para qué, dónde y cuál es el momento indicado para iniciar tu obra perfecta, la trasformación que deseas, tu estado de paz mental, o lo que quieras manifestar y lograr.

1. Me deshago de:
Ejemplo: la ropa que no uso, los muebles del garaje, etc.

2. Limpiando mi entorno:
Ejemplo. Las personas que debo dejar ir de mi vida son...

3. Elementos que quiero incorporar a mi espacio adecuado

Ejemplo. Una planta de romero, una pirámide de los sueños recordatorios con afirmaciones, velas, etc.

4. Un hábito para comenzar hoy es:

CAPÍTULO 2 - EL GRAN SECRETO DE LA MUSA

¿Qué es la Musa?

Para estar claros en el concepto que aquí manejaremos, es importante saber que todos los seres humanos habitantes de este planeta, para vivir una experiencia terrenal, hemos venido con planes y propósitos distintos y a todos nos entregaron recursos, dones y las características necesarias para desarrollar este maravilloso plan.

Llamo la Musa individual a aquello que nos hace únicos e irrepetibles dentro de nuestra identidad humana, a esa energía que fluye dentro de cada uno. Es el sello particular de nuestro carácter, una determinada habilidad del cuerpo físico, una capacidad innata de aprendizaje de algún proceso, un rasgo de la personalidad; una condición genética, un talento o expresión del ser humano; cualquier cosa que represente el fruto de nuestro árbol de la vida.

Con la Musa o magia, suceden siempre dos fenómenos: o está muy presente, reluciente, pulida, hallada, honrada y desarrollada en nuestro cotidiano andar o, por el contrario, está oculta, nublada, abandonada, no descubierta, olvidada o rezagada en un permanente estado de intemporalidad y aplazamiento.

El fluir de lo cotidiano nos mantiene atrapados casi siempre en la carrera de la vida y transitamos por ella sin honrar a veces aquello que nos fue dado de manera clara, unipersonal, poderosa y abundante y que muchas veces no nos atrevemos a expandir.

En resumen, se refiere a la capacidad única que cada persona tiene para conectarse con su creatividad, inspiración y esencia interna.

Su influencia en lo creativo

Musa no es lo mismo que creatividad, es su vehículo. No solo los artistas, pensadores, poetas, músicos, filósofos, escritores, entre otros, tienen a la Musa a su favor, para el desarrollo de sus creaciones.

Todos tenemos la chispa, todos contamos con la magia personal y todos fuimos dotados de poderosos e inimaginables dones y talentos. Todos podemos acceder a ese estado interno donde vive nuestra Musa. Lo que sucede es que, a veces, no la dejamos surgir. La opacamos tanto con el velo del temor, las ocupaciones de la vida o el ruido que nos rodea, que no permitimos que comande nuestras acciones para crear desde allí.

Nuestra responsabilidad es mantenerla encendida, como una llama que le da fuego a nuestros más profundos deseos. Para ello, es vital un real cambio de estado mental que transforme nuestra fisiología y esta, a la vez, nuestra bioquímica. De esto ya hablamos en la página 16 y más adelante lo mencionaremos de nuevo.

Estos sencillos pasos y la plantilla anexa nos darán una pauta para clarificar cuál es esa magia de la que fuimos dotados, a veces desde temprana edad, si es que, hasta ahora, no la hemos descubierto.

Musa, magia o factor X

La Musa, como ya vimos, es un concepto muy amplio. Para los griegos era una figura femenina mitológica que representaba la fuente inspiración en las artes y las ciencias. Pero para los efectos de nuestra metodología será la guía interna, la llama ardiente, la magia personal, la chispa vital que nos envuelve y nos habita.

En el mundo que nos rodea hay una magia especial, y creo que todos estamos de acuerdo en que esa magia y encanto existen. Se trata de una magia que otorga autenticidad y belleza. Esa magia también está dentro de ti y de mí, y al descubrirla también revelas todas tus capacidades y tu potencial creativo. Al ser consciente de esa magia, realmente puedes ser capaz de saber qué te hace especial.

¿Alguna vez has sentido esa fuerza interior, esa voz susurrante que te impulsa a hacer cosas extraordinarias, a tomar acciones, a atreverte a lograr algo y a crear belleza donde antes solo había vacío? Esa es la magia individual, esa chispa única que reside en cada uno de nosotros y que nos impulsa a alcanzar nuestro potencial más elevado. La magia individual es mucho más que simples trucos de ilusionismo o hechizos místicos. Es la fuerza que impulsa tu creatividad personal, la Musa que te guía en tu viaje hacia la autenticidad y la expresión única de tu Ser.

Pero ¿cómo se descubre esta magia dentro de ti? ¿Cómo puedes encender esa chispa? Déjame decirte que todo comienza con la autoexploración, con el reconocimiento de las cualidades especiales y únicas que te hacen destacar en cualquier área de la vida.

En el capítulo anterior diste los primeros pasos, pero ahora ha llegado el momento de mirarte en el espejo y descubrir quién eres realmente, más allá de las máscaras que has creado para encajar en el mundo exterior (de tu identidad). ¿Te sientes satisfecho contigo mismo? ¿Confías en tus habilidades y en tu capacidad para enfrentar los desafíos que se te presentan? Responder estas preguntas te ayudará a identificar y nutrir esa chispa interna que te hace brillar con luz propia.

A través de la conexión íntima con tu voz interior, puedes desbloquear un poder sin límites y manifestar tus sueños más profundos en la realidad. Trabajar en esa magia interna, en esa voz interior, cuidarla, animarla y cultivarla, son el único faro emocional que nos puede guiar cuando estemos emprendiendo o poniendo a rodar cualquier idea, proyecto o plan creativo.

Sigamos el camino que empezamos y descubramos tu magia interior. Ya aclaramos la mente, limpiamos los obstáculos, reiniciamos nuestras metas y comenzamos a realizar acciones hacia la meta. Ahora, en este capítulo, veremos cómo develar esa magia interior. ¡Así que manos a la obra!

Algunos aspectos de la Musa

Conexión: esa fuente de inspiración interna que guía y motiva a una persona en su proceso creativo. La magia aflora cuando aprendemos cultivar una relación íntima con nuestra Musa, aprendiendo a escuchar sus susurros y seguir su dirección. Algunos lo llaman intuición; otros le llaman voz interior.

Creatividad: cada individuo tiene adentro una chispa creativa única que le permite expresarse de maneras distintas. La Musa se encuentra en la capacidad de cada persona para canalizar esta creatividad de manera original y auténtica.

Autenticidad de expresión: la magia individual radica en la capacidad de una persona para expresarse auténticamente, sin inhibiciones ni limitaciones impuestas por normas externas sociales. Esto nos permite confiar en nosotros mismos y en la singularidad de nuestra visión creativa.

Descubrimiento personal: a través del proceso creativo, uno puede descubrir aspectos profundos de sí mismo y del mundo que le rodea. La magia individual se encuentra en este viaje de autoexploración y autodescubrimiento que ocurre a medida que una persona se sumerge en su creatividad.

Impacto personal y emocional: la Musa también puede manifestarse en el impacto emocional que la expresión creativa tiene en el individuo. Esta conexión emocional con el proceso creativo y sus resultados suele ser profundamente satisfactoria y enriquecedora. La Musa representa la capacidad única de cada persona para conectar con su creatividad, inspiración, su guía interior y autenticidad, para expresarse de manera única y significativa a través de sus creaciones.

Amar a tu Musa

El Factor X, la magia individual o como la llamamos aquí… la Musa, puede ser desarrollada y afianzada en cada uno de nosotros, en primer lugar, haciéndonos conscientes de nuestras cualidades especiales, misteriosas, únicas, que hacen que nos destaquemos o seamos excepcionales en cualquier área de la vida.

Como este es un libro práctico para potenciar tu creatividad y ayudarte a desarrollar tu magia interior, a amar a la Musa que llevas adentro, no me quedaré solo con la teoría.

Quiero plantearte unos sencillos ejercicios y preguntas para que puedas esclarecer algunas de tus prácticas cotidianas y hábitos de pensamiento y sacar a la luz la Musa que habita en ti. Estos pasos, preguntas y respectivos ejercicios, pueden apoyar el proceso de alimentar esa chispa única interna que nos hace diferentes y a través de la cual se nos identifica.

Aunque te parezcan preguntas básicas, como si te sientes satisfecho contigo mismo, con lo que eres, lo que haces, o si tienes facilidad para enfocarte en una sola cosa a la vez, respóndelas con total honestidad. Cada una te acercará un paso más a la claridad. Y en tus respuestas hallarás los patrones fundamentales que moldean tu realidad y tus resultados. Pero lo que es más importante: te permitirá conectar las partes que se requieren para el trabajo en conjunto...mente, emoción, cuerpo y espíritu.

En algunos de los ejercicios, te invito a responder si o no. En otros, a exponer las razones, Por ejemplo; ¿Te sientes responsable por la felicidad de los demás? Si. Razón: "Perdimos a mi padre desde pequeñas, desde entonces, al ser la mayor de las hermanas, siempre he sentido una responsabilidad grande por el destino, el camino y la felicidad de mi núcleo familiar". Eso me ha hecho convertirme en alguien sobreprotector, etc etc.

Lo más importante en los ejercicios de autoexploración y percepción que vienen a continuación, es que ubiques tu punto de autoconocimiento y poder personal. No importa si tus respuestas son simples o incipientes, si no identificas aún muchos aspectos de tu personalidad. Como lo digo al final del primer ejercicio, estas preguntas nos ayudan a saber desde donde estamos fluyendo, si en piloto automático o desde la presencia total de nuestro Ser.

Autoexploración

Antes de responder el cuestionario siguiente, quiero familiarizarte con el proceso de autoexploración. Es una indagación profunda y reflexiva sobre uno mismo, nuestros pensamientos, hábitos cotidianos, emociones, creencias, valores, fortalezas y debilidades. Implica mirar hacia adentro con sinceridad y objetividad para comprender quiénes somos realmente, qué nos impulsa, qué nos limita y qué nos hace únicos. En este sentido, durante la autoexploración te invito a examinar tus experiencias presentes y pasadas, tus patrones de pensamiento y comportamiento, así como tus relaciones interpersonales y tu "opinómetro" sobre los demás. Eso sí, antes de seguir debo advertirte que este proceso puede implicar responder preguntas difíciles y confrontar aspectos de ti que no te gustan o hábitos automáticos que te alejan de tus metas, patrones de escasez o la identificación de habilidades dormidas, etc. Pero vale la pena hacer el esfuerzo. ¿Por qué? Porque el resultado final será el descubrimiento de tu factor X, de tu magia individual, lo que sin duda te llevará a una mayor autoconciencia, pero, sobre todo, a tu mayor desarrollo creativo.

El autoconocimiento y la emoción adecuada

Pero ¿qué tiene que ver la autoexploración con la emoción adecuada? Pues una vez comencemos con el proceso de conocernos profundamente, empezamos a activar algo en el interior, a cambiar nuestro estado mental, a moldear nuestra emoción. Y el motor del potencial creativo radica allí. Pero no en cualquier emoción, sino la emoción adecuada. Aquí me refiero a "construir deliberadamente" una actitud positiva férrea, una sintonía con la gratitud, una fe inquebrantable, una mentalidad flexible y abierta, la certeza de que tu deseo y potencial se manifestarán en el momento adecuado y cuando estés listo, la confianza en las leyes universales que afirman que todo lo que sucede, obra para nuestro beneficio. La creación de la emoción adecuada agilizará la materialización de cualquier cosa que emprendas.

Para crear y fomentar las emociones correctas, primero necesitas renunciar al modo en el que crees que debe ser resuelto lo que deseas y practicar la gratitud tanto como te sea posible, centrándote en aquello por lo que ya estás agradecido. Esto aumenta tu energía física, transforma la bioquímica de tu cuerpo y potencializa tu estado mental.

La emoción adecuada nos ayuda a mantener una conexión

profunda con nosotros mismos y con nuestros deseos. Eso nos ayuda a confiar en el proceso de manifestación y a saber que estamos alineados con la fuerza infinita, con la divinidad, o lo que para ti signifique tu Ser superior. Para mi se llama Dios.

Hay innumerables técnicas mentales, físicas, espirituales o neurolingüísticas para ello, que los profesionales u estudiosos de la mente, del cuerpo o del alma, utilizan para guiarnos. Algunas te las he mencionado antes; la meditación, la oración, la respiración, el yoga, el pilates, las afirmaciones positivas, la creación de imágenes mentales, el anclaje, las memorias pasadas, constelaciones, etc. Y podrás ahondar en las que te funcionen. Pero quiero decirte una cruda verdad. Sin la emoción adecuada, solo se convierten en un ejercicio de repetición, sin mucho potencial de generar un impacto poderoso en tu vida.

¡La verdad es que no creo en la eficacia de ninguna! A menos de que tengamos la disciplina y rigor diario para, una vez creadas, interiorizarlas metódicamente, sentirlas hasta creerlas. Aquello que incorporamos por repetición, a partir de una emoción, permea nuestra mente consciente y esta a su vez impacta nuestro subconsciente. Y como consecuencia comenzamos a activar nuestra imaginación creativa, florecen las soluciones novedosas a los problemas, cultivamos la rutina de enfocarnos, encontramos caminos divergentes, encendemos y abrimos el canal.

Se vuelve la mejor ecuación de la
vida = Imaginar+sentir+crear+actuar.

Por todo ello, es fundamental un cambio consciente de fisiología, de la bioquímica de nuestro cuerpo, para crear estados mentales proactivos unidos a emociones verdaderas que apoyen la afirmación de nuestros deseos.

Puedes decirte a ti mismo: "Estoy manifestando lo que deseo en mi vida" o "estoy atrayendo que quiero con facilidad y gracia", pero si no te esfuerzas en crear la emoción adecuada, solo serán frases vacías con la cuales te desanimarás y no lograrás alimentar tu propósito poderoso.

Cuando tengas dificultad para crear las emociones adecuadas, recuerda algunos de los pasos de este ritual (con que practiques uno de ellos es suficiente): Da las gracias por todo lo que rodea tu vida en ese momento, establece tu punto de confianza en un poder superior y recuerda que no te creaste a ti mismo, evoca las cosas que te dan paz y tráelas a tu presente, cultiva la certeza de que todo obra para tu beneficio, recuerda tus momentos de mayor felicidad, entrega el resultado a la sabiduría infinita.

EJERCICIO # 1.   AUTOEXPLORACIÓN

Te invito a hacerlos con sinceridad y valentía.

Responde sí o no y ¿por qué?

1.   ¿Te sientes satisfecho contigo mismo? (Sí/No)
Razón:

| |
| |

2.   ¿Sabes decir NO? (Sí/No) *Razón:*

| |
| |

3.   ¿En tu cotidiano vivir dedicas un tiempo a la pausa mental? (Sí/No) *Razón:*

| |
| |

4.   ¿Estás practicando algún sistema de entrenamiento mental? (Sí/No) *¿Cual? ¿Te funciona?*

| |
| |

5.   ¿Tienes facilidad para enfocarte en una sola cosa?
(Sí/No) *Razón:*

6.   ¿Te sientes responsable de la felicidad de los
demás? (Sí/No) *Razón:*

7.   ¿Separas los problemas reales de los imaginarios?
(Sí/No) *Razón:*

8.   ¿Confías en ti? (Sí/No) *Razón:*

9.   ¿Cumples tu palabra? (Sí/No) *Razón:*

10.	¿Te interesas genuinamente por otros? (Sí/No)
Razón:

11. ¿Te diviertes? (Sí/No) *¿De qué manera?*

12.	¿Planeas? (Sí/No) *Razón:*

13.	¿Improvisas? (Sí/No) *Razón:*

14.	¿Sonríes frecuentemente? (Sí/No) *Razón:*

15. Una vez ejecutas, ¿sueltas el resultado y el control? (Sí/No) *Razón:*

16. ¿Tienes fe? (Sí/No) *¿En qué o quién?*

17. ¿Practicas ejercicio físico? (Sí/No) *¿Cómo y con qué frecuencia?*

18. ¿Tomas agua suficiente? (Sí/No) *¿Cuánta y con qué frecuencia?*

19. ¿Respiras conscientemente? (Sí/No) *¿De qué manera?*

20.   ¿Reciclas? (Sí/No) *¿Por qué y cómo?*

Algunas de estas preguntas simples y sus respuestas, revelarán en qué punto del autoconocimiento te encuentras. Si fluyes desde el piloto automático o desde la presencia total. Si te conoces suficientemente, o las razones por las cuales haces las cosas, la manera en la cual respiras, abordas los problemas, cómo piensas de los demás, cuales son tus hábitos de acciones y pensamientos, que temes etc. Tendrás un diagnóstico inicial sobre algunas de tus razones, tus para qué y tus por qué.

El proceso de la autoexploración igual que el desarrollo de nuestra Musa, es semejante a una cebolla cuando vas quitando las capas que la protegen y vas adentrándote en su contenido. ¿Qué hacer con todo ello, ahora que has cuestionado tus hábitos, prácticas, gustos y razones internas? Ten paciencia, sigue adelante con la lectura y los ejercicios.

La percepción y los rasgos del carácter.

Algunas de éstas respuestas revelarán tu forma de percibir el mundo y además los rasgos de tu carácter. ¿porqué es importante conocerlos?

¿Sabes que la manera como percibimos la vida, los problemas y a los demás, sumado a los rasgos del carácter que vamos erigiendo en el camino, pueden determinar el éxito o fracaso de tus creaciones, de tus relaciones y resultados?

¿Te has preguntado cómo te ven los demás? ¿Qué cualidades ven otros en ti? ¿Qué personalidad reflejas? Seguramente te has hecho estos cuestionamientos en más de una ocasión. Y es que estas inquietudes aunque parecieran triviales, son fundamentales para comprendernos mejor a nosotros mismos y nuestra relación con los demás. Por eso, necesitamos responderlas y recordar además una de las grandes verdades del universo: los demás actúan como espejos de nuestras propias percepciones y actitudes hacia el mundo exterior. Así que, para saber como percibes el mundo, qué personalidad reflejas o cómo te ven los otros, debes analizar la forma en la cual te relacionas con ellos, la forma en la que los ves, la manera en la que das tu amor y atención, cómo asimilas lo de afuera. Todo aquello solo nos indica cómo somos percibidos y cómo el universo externo nos responde. En última instancia, nuestras palabras y acciones son un reflejo de nuestro Ser interior, y esto influye en nuestra relación con el mundo que nos rodea, en la forma como nos contesta. Hay una frase que encierra esta reflexión: "si no estás recibiendo de la vida lo que quieres, pregúntate: ¿qué estás entregando?

Debes saber que, en el mundo creativo, existe ese sistema egoico que siempre está saboteando cualquier cosa que emprendamos y que empaña el espejo de nuestro entorno, por lo cual debemos identificarlo y llevarlo a la conciencia, para luego trascenderlo. En algunos sistemas de pensamiento, como el curso de milagros, el ego se identifica como esa parte de nosotros, de nuestra mente parlanchina, que está limitada por sus creencias y asociada con el miedo y todo su arsenal de emociones tóxicas.

Gran parte del tiempo, los rasgos del carácter determinan el éxito o fracaso de nuestras acciones. Nos dan la medida de como enfrentamos los desafíos y aprovechamos las oportunidades. En ellos influyen nuestro sistema de valores, factores genéticos, culturales, ambientales, nutricionales, educacionales, etc.

El carácter y la personalidad se interrelacionan, se impactan, determinan pensamientos, comportamientos y actuaciones. La mayoría de las veces impulsan nuestras decisiones y definitivamente, van forjando nuestro destino. Por ello, es decisivo develar los rasgos profundos de nuestro carácter, bien sea para fortalecerlos o para transformarlos. Ellos moldean igualmente nuestros atributos diferenciales, cualidades, la individualidad, eso que nos hace especiales y únicos.

Algunos de los rasgos de carácter: apasionado, emotivo, apático, nervioso, aprehensivo, iracundo, sentimental, generoso, sincero, persistente, flexible, reservado, arrojado, melancólico, etc etc. En síntesis, nuestro carácter también determina nuestra forma de ver la vida y esa visión influye en nuestra felicidad.

EJERCICIO # 2: La percepción y los rasgos de carácter

1. ¿Cómo crees que te perciben los demás?
Menciona 3 características positivas y 3 negativas

```
```

2. ¿Cómo está tu nivel de enjuiciamiento hacia los demás?
Responde: *Explica tus respuestas*

    a. ¿Tienes una opinión acerca de todo y de todos?

```
```

    b. ¿Quieres cambiar a las personas que te rodean?

```
```

    c. ¿Quieres cambiar las cosas que te rodean?

```
```

3. ¿Cuál es tu nivel de tolerancia a las circunstancias cotidianas?

- Paciente ( )
- Intolerante ( )
- Reactivo ( )
- Indiferente ( )
- ¿Otro? ( )

Si tienes un bajo nivel de tolerancia, describe lo que te activa y porqué

4. ¿Con cuál de estas creencias limitantes te identificas?
(de capacidad, posibilidad o merecimiento) *Explica tu(s) respuesta(s)*

- No merezco (   )
- No soy suficiente (   )
- No puedo (   )
- Mi amor les hace daño a los demás (   )
- Soy incapaz de hablar en público (   )
- No soy tomado en cuenta (   )
- No es correcto / No está bien (   )
- ¿Otras? (   )

¿Describe de donde crees que provienen tus creencias? Padres, maestros etc.

5. ¿Y con cuál de éstas te identificas? (aspecto físico o personalidad) *Describe de donde crees que provienen.*

- Me veo mal, soy desagradable ( )
- Estoy gordo ( )
- Soy demasiado alto ( )
- Todos se ven mejor que yo ( )
- No tengo una personalidad atractiva ( )
- Todos son más encantadores que yo ( )
- ¿Otras? ( )

6. Los Rasgos de tu carácter definen tu potencial para transformar tus patrones y cambiar tu vida. ¿Con cuáles te identificas?

Positivos: *Elige tres y explica cómo se manifiestan en tu vida*

- Soy disciplinado
- Perfeccionista
- Constante
- Motivado
- Precavido

- Apasionado
- Equilibrado
- Terco
- Arriesgado

Negativos: *Elige al menos tres y explica en que situaciones de tu vida se manifiestan.*

- Vengativo	- Perezoso
- Envidioso	- Disperso
- Celoso	- Indisciplinado
- Procrastinador	- Reactivo
- Ansioso	- Impaciente
- Mentiroso	- ¿otros? ( )

7.   Escribe los 5 rasgos de carácter negativo que identificaste y frente a ellos cúal es el hábito que debes cultivar para mejorarlo o transformarlo.

Rasgo	Hábito a incorporar
Ejemplo: Me disperso	Crear un calendario de pasos, enfocarme en un solo proyecto a la vez

8. ¿Cómo afectan los rasgos de tu carácter tus relaciones personales? Describe con ejemplos de tu vida diaria.

Ejemplo. El hecho de ser disperso me impide enfocarme con atención plena en las conversaciones con otras personas y esto no me permite cultivar relaciones profundas y auténticas con los demás.

9. ¿Cómo afectan los rasgos de tu carácter tus creaciones?

Ejemplo. El hecho de ser procrastinador me impide acabar con éxito lo que comienzo. No termino lo que empiezo y vivo aplazando mis proyectos.

Conclusiones:

Al identificar cuáles son los rasgos de tu carácter, como percibes al mundo, como te perciben los demás, con qué aspectos de tu personalidad te identificas, cuáles son las creencias más presentes en tu vida, etc. puedes empezar a autogestionarte de una manera más eficaz, comenzar a trabajar en los rasgos negativos de tu carácter para llevarlos a la conciencia y reemplazarlos, y finalmente, cultivar tu creatividad a través de la autenticidad, la eficiencia, el gozo y el amor propio.

Lo único que nos hace libres para cultivar nuestra Musa individual es reconocer y trascender nuestros rasgos negativos y saber que casi todos los seres humanos tenemos los mismos temores procedentes de los mismos paradigmas o leyes personales: no puedo, no valgo, no merezco, no soy suficiente, etc, etc., y así vamos por la vida, apagando esa chispa interna, en vez de cuidarla y cultivarla.

La invitación es que traigas luz a tu conciencia. Las creencias son pensamientos instalados e ideas que "crees" y repites hasta que las incorporas a tu subconsciente innecesariamente. Después cuando caminas por la vida, tienes que ir ¨desinstalando¨ aquellas que no te sirven o te paralizan.

Con este ejercicio inicial, ya has podido comenzar a identificarlas. En el siguiente capítulo podrás saber de dónde provienen, como enfrentarlas y trascenderlas cotidianamente, teniendo en cuenta que gran parte de ellas son falsas e inútiles.

Conocerás como los también llamados "dogmas", sabotean el proceso de nuestra Musa creativa. Los demás capítulos apoyarán tu fase de cultivar la aceptación y el amor propio;

Haz los ejercicios anteriores diariamente y ojalá durante una semana completa, descubriendo las capas ocultas de tu personalidad y tus creencias, así te familiarizarás con esas leyes limitantes que dominan tu vida, verás que se pueden modificar sembrando nuevos hábitos de pensamiento y acciones coherentes y ahorrarás energía, tiempo y recursos tratando de entender por qué impactan positiva o negativamente el desarrollo de nuestros proyectos, obras, planes, emprendimientos y todo en lo que nos proponemos sacar adelante. Igualmente te explicaré que tienen que ver las creencias con el perdón y con el hecho de limpiar el terreno emocional, de resentimientos, culpas y miedos, antes de crear.

Te lo diré de una manera simple; una palabra, acción o circunstancia repetida muchas veces, desarrolla una creencia (generalmente proveniente de nuestros profesores, padres, compañeros, hermanos, familia, etc.), ésta determina a su vez nuestras acciones presentes y futuras, moldea la naturaleza de nuestro pensamiento y éste, nuestro comportamiento. Todo ello sumado, va construyendo nuestro destino.

¿Y quien tiene la culpa? ¿nuestro entorno natural? ¿la sociedad?, ¿nuestros educadores? ¿amigos? ¿padres? ¿las circunstancias? Realmente podríamos estudiar cientos de libros sobre la psiquis humana y llegar a decenas de conclusiones. Es decir, todos hemos sido "víctimas" en algún momento de nuestras circunstancias o vivencias, en la que hemos recibido una palabra, una acción, una actitud, una información, un sistema educativo, religioso, de valores, etc. que ha determinado aquello que creemos verdadero.

Todos de alguna manera, incluidos nuestros ancestros, sociedades, comunidades, etc. hemos erigido el camino individual y colectivo a través de la construcción de nuestras leyes personales, de variables como las mencionadas anteriormente; la educación, el sistema de valores, las religiones, la geografía, entre muchas otras. Así que cada uno de los que habitamos este planeta, hemos cargado el equipaje de nuestros dogmas, empoderantes o limitantes, positivos o negativos, amorosos o provenientes del miedo e inevitablemente caminamos por la vida, con las "gafas" de nuestra visión personal. De allí la importancia del "entendimiento y la transformación" de todo paradigma con la magia del perdón y el trabajo individual. Repito un concepto del Curso de Milagros que ya te he compartido en este libro y que considero profundamente revelador: "perdón radical" es el reconocimiento de que nadie ni nada fuera de ti, te hizo nada.

Hay nociones y ejercicios con los que no te identificarás, otros que te parecerán similares, e incluso repetitivos. No te inquietes. Aprendemos e incorporamos el conocimiento y la información por repetición y conexión. Si no te conectas con alguno de ellos, simplemente sigue adelante y toma lo que te funciona.

De aquí en adelante, trataremos de abordar todas las maneras de deshacimiento y avance, para enfocarnos proactivamente en lo que queremos desarrollar.

¿Cuales son tus límites creativos?

Te invito a que identifiques y desafíes tus límites creativos, analiza lo que crees o has creído imposible de lograr. Paso seguido, cambia tu discurso, háblate con palabras de poder, nunca de autocrítica. Si cultivas ese compromiso inquebrantable de cumplir la misión que te has propuesto con excelencia, siempre buscarás las soluciones y salidas a los desafíos que se presenten.

Los dogmas o convicciones nos hacen pensar en ocasiones que "con poquito es suficiente", que obtener grandes resultados implica un doloroso esfuerzo. Y nada es más mediocre y limitante que ese pensamiento.

Recuerdo una de mis formaciones hace 25 años llamada *Landmark Education*. Me quedó grabado algo que practiqué durante muchos años y fue buscar en todo lo que hago, la excelencia y la impecabilidad, haciendo lo máximo posible en cada situación. Pero creo que lo más importante que recibí como aprendizaje fue el de soñar lo improbable, porque de esa manera la semilla de la creación estaría sembrada en nuestro subconsciente. Y con disciplina, voluntad, valentía, organización y talento, eso que imaginamos, daría frutos.

Hay muchas técnicas que funcionan para desafiar los límites creativos. Te voy a poner un ejemplo personal, que me sucede cada día, cuando llego a mi trabajo cada semana.

Por lo general voy a la editora encargada de gestionar mi obra musical, tres veces por semana. Con un horario normal de oficina. Aunque es un trabajo creativo, le ponemos un horario habitual y todos los compositores que trabajamos allí, estamos "entrenados" para forzar permanentemente la creatividad, más allá de nuestros límites.

Lo primero que hacemos en una sesión de composición, con

cualquier artista, es entrar con la convicción de que escribiremos para él, la mejor canción de su vida. Creamos un ambiente sano de camaradería y profesionalismo, antes de sentarnos a escribir. En síntesis la primera técnica sería: Buena actitud y la creación de la emoción adecuada.

Lo segundo, es una tormenta de ideas, en mi caso, sobre lo que vamos a componer. Y con ello practicamos la labor en colectivo. Crear en grupo implica flexibilidad, un carácter afable, disruptivo, conciliador, conexión con el pensamiento más alto, para asegurarse de trabajar en función de lograr una gran canción. Allí no importa tanto el aporte individual. Digamos que todas las ideas van a un gran caldero, donde se cocina la mejor sopa y cada mente aporta un condimento para que sea excelente. Es decir, la segunda técnica es el "brainstorming" o lluvia de ideas unido a la flexibilidad.

La tercera técnica que recomiendo es el pensamiento disruptivo, transgresor, el cambio de enfoque. Plantear soluciones diferentes para un mismo problema. Abordar las canciones desde distintos ángulos, escribirla muchas veces con variaciones y nuevas perspectivas.

La cuarta herramienta es imaginar lo imposible, aquello que creemos que supera nuestras capacidades. Por ejemplo, en mi caso, sería componer en otro idioma diferente al español.

Lo quinto es unirme a compositores de géneros completamente diferentes al mío, como los urbanos y de hiphop. El nivel de aprendizaje es distinto y muy beneficioso. Me exige no solo flexibilidad de mente, si no también agilidad de pluma y apertura a nuevas ideas. Entonces la quinta herramienta sería una mente abierta, receptiva y aterrizada, para aprender de otros.

Lo sexto: el método de un horario fijo. Aunque no esté en tu agenda, cumples un horario y acostumbras a tu mente a crear, si o si. En productividad se llama: "Time Blocking".

La séptima es crear un contenido de valor en mis obras. Es decir, un elemento que contribuya y aporte luces o beneficios a alguien, al público que va dirigido.

La octava es trabajar a partir de la marca personal, la filosofía y esencia de lo que eres. Tu impronta se tiene que ver reflejada en cada una de tus obras.

La novena es hacerlo todo fácil, recordable, sostenible, en mi caso por ejemplo que tenga un coro memorable. Tony Robbins dice una frase que uso como mantra:

"la complejidad es enemiga de la ejecución"

Finalmente, para desafiar mis límites cultivo pertinazmente el amor propio, la autoaceptación, la confianza en mis capacidades y las de mi equipo.

Mis secretos para despertar la creatividad

Te garantizo que en cualquier área de tu vida necesitas despertar y usar la creatividad. Para fomentar relaciones personales sólidas, para preparar una cena deliciosa, para divertirte, para escribir canciones, para cambiar de empleo o pintar un cuadro, para pedir aumento de salario, para inventar una máquina, para hacer dinero, etc. Lo mejor de ella es que se descubre, se cultiva y se mantiene, cuando tenemos las herramientas suficientes, entre otras: claridad, autenticidad, honestidad, ganas, disciplina, voluntad, visión, organización.

¿De dónde proviene? Hay decenas de teorías. Algunos sistemas de pensamiento la asocian con la inspiración divina, otros consideran que es una consecuencia lógica de pulir los talentos, otros creen que el quehacer creativo se fuerza y adiestra, hasta obtener resultados. Ante esa pregunta siempre digo que solo intuyo la mitad de la respuesta. Pues evidentemente, crear tiene ese "algo" que proviene de la fuente infinita, de eso más grande que nosotros, que no entendemos, pero sentimos cuando estamos sintonizados con ella. Algunos lo llaman la conexión con el amor, el Plan Infinito, la energía universal, otros el Orden Divino, otros Jesús, otros la guía interna; yo le llamo Dios.

Quienes han explorado los límites en el proceso de sus creaciones, sabrán que existen variables, dificultades, desaciertos y fracasos. Pero cuando se crea desde el Ser, se crea sin miedo. Con el arrojo de la sinceridad, la alegría de la inocencia, la sabiduría de la conexión y la resiliencia de los valientes.

¡Crea lo que quieras! Te reto a ello. Pero hazlo desde la sintonía del amor; con todas las emociones asociadas con él, la vitalidad, la compasión, la belleza, la pasión ardiente, la veracidad, la unicidad y la fuerza interna. Cuando construyes, imaginas o inventas desde el Ser, tus obras reflejan lo mejor de ti, son una proyección de tu visión y propósito, conectas con personas que tienen tu misma vibración, se van los vampiros de tu paz, llegan ayudas maravillosas y todo el universo conspira para que tu espíritu de extienda a través de tus creaciones.

Se puede crear en medio del ruido, el agobio y el miedo obras apasionadas y trascendentes. Grandes compositores, cantantes, pintores, cocineros, artistas, arquitectos de la humanidad han construido sus obras, inventos, proyectos, a partir del dolor, el despecho, la desesperación, el fracaso, la decepción, el hambre etc. Pero este libro se trata de crear desde tu esencia, desde un lugar de poder interno, desde esa parte de ti conectada a la divinidad y a la fuente. En palabras simples, desde tu yo amoroso.

Es importante que sepas que si lo imaginas, lo puedes crear. Si está en tu mente, ella (pero alineada con tu corazón) con el suficiente enfoque, disciplina, voluntad, recursos y organización, podría lograr lo que se proponga.

Mis secretos para despertar y nutrir a mi Musa

Existen demasiadas teorías, prácticas y metodologías al respecto y el exceso de información a veces puede confundirnos. Te invito a que en tu propia piel, experimentes cada una y al final elijas la que te haga sentir bien, la que te brinde la sensación de comodidad, te resulte fácil y natural, con la que te conectes.

Te mencionaré técnicas, herramientas y características, que para mi son fundamentales cuando quiero crear. Sobre todo porque me permiten visualizar mis limites, miedos, excusas y develar los sabotajes escondidos en mi mente subconciente. No tienes que creen en ellas, solo intenta probarlas y ver como te funcionan. Algunas son prácticas muy sencillas, otras requieren más esmero, otros son algunos aspectos del carácter que he desarrollado y uno que otro secreto eficaz, para convertirte en ¡creador imparable!

Voy a mencionarte una a una, pero mi sugerencia es que profundices en la que consideres adecuada para ti.

Tapping (EFT): Aprendí esta técnica hace muchos años con mi maestra de meditación y PNL. También la llaman técnica de liberación emocional o EFT. Según su desarrollador Gary Craig, la causa de las emociones negativas y del dolor es una alteración en nuestra energía y esta técnica puede ayudar a crear un equilibrio en el sistema energético. Básicamente usa los dedos de la mano, a través de golpes suaves en algunos meridianos de la cara por donde transita la energía. Hay personas que la utilizan para calmar la ansiedad, en los tratamientos de fatiga o estrés, etc. A mi me funciona para concentrar mis energías y enfocarme en un objetivo determinado. Te invito a que investigues más sobre ella y sus beneficios. Es poderosa a la hora de buscar enfoque y determinación.

Mapas mentales: son útiles para ordenar nuestras ideas y visualizar las soluciones. Son diagramas donde, a partir de una idea central, puedes conectar y organizar las ideas relacionadas, a través de dibujos, palabras, imágenes, tareas, conceptos, etc. Es una herramienta sencilla, muy utilizada en el mundo corporativo ya que visibiliza de una forma clara e instructiva el problema, producto o idea y sus posibles soluciones u alternativas de desarrollo.

La pirámide creativa o tablero de los sueños: Aunque estuvo de moda en los años 90´s crear un "vision board", en retiros, procesos psicológicos, conferencias, etc. sigue siendo una herramienta muy común y utilizada. Se basa en la premisa de crear un recordatorio diario de nuestros deseos y sueños, en un lugar visible, donde ponemos imágenes inspiradoras, dibujos, fotografías, incluso frases, que motiven nuestras acciones y enfoquen nuestros pensamientos cada día.

Hábitos: Es de vital importancia, identificar los hábitos que debemos incorporar, cuando queremos un resultado distinto al logrado. Suena muy fácil pero gran parte de la raza humana, con excepción de algunas culturas como la japonesa, no considera relevante el cambio o desarrollo de nuevos hábitos como motor de avance. Y nada más poderoso para crecer, expandirse y mejorar, que cultivar hábitos nuevos y proactivos, que nos acerquen a nuestra meta mayor. En creatividad especialmente, no hay innovación, transformación, interiorización o impacto, sin el motor de los hábitos.

Dejar ir, desapegarse: También se lee muy sencillo, pero no lo es. Sobre todo porque los seres humanos somos "animales de costumbre" y vamos por la vida, repitiendo una y otra vez patrones, pensamientos, experiencias, personas, situaciones, actitudes, etc. Precisamente las creencias empoderantes o limitantes se convierten en hábitos a través de la repetición. Dejar ir es a veces, un acto de profunda valentía, pero únicamente requiere voluntad, conciencia y acción. Suena duro, pero es necesario: desapegarse de todo aquello que no sume al ejercicio de "crear poderosamente", incluidas circunstancias, personas, objetos, experiencias, hábitos, lugares, etc.

Oración, meditación o presencia plena: Cada cultura, comunidad, sistema de pensamiento o individuo, ha tenido históricamente y por lo general, una forma de conectarse con la concepción de lo que llame su Ser superior, su divinidad, su creador, el poder infinito. En esencia y para hablar de la experiencia personal, diré que la oración me provee paz y enfoque. Generalmente oro agradeciendo, haciendo silencio, manteniendo mi atención en el instante presente, estando en contacto con la naturaleza o cantando. Si no practicas la oración, hazlo a través de la simple gratitud o de cualquiera de las técnicas de interiorización que mejor te conecten. Pero agradecer es acto fácil y tiene efectos poderosos; ¡dar gracias por lo que sea que sientas gratitud! por lo que eres, tienes, haces, creas, antes de enfocarte en lo que te falta. Y si no ¡pues permanece aquí y ahora!

Finge hasta que lo logres: Un reconocido profesor de psicología social e investigador Fritz Strack, hizo un experimento sobre el efecto de la postura corporal, con dos grupos de personas. El grupo de las personas que recibieron la orden de permanecer erguidas mostraron resultados de mayor confianza, autoestima y creatividad. El otro grupo de las encorvadas experimentó un menor desempeño de tareas y disminución de su confianza. Los americanos dicen: "Fake it, until you make it", es decir, fíngelo hasta que lo logres. En otras palabras, siéntelo primero, experiméntalo en tu cuerpo y en tu mente, antes de tenerlo; luego manifiéstalo. O en el enfoque de la psicología sería como impactar y sembrar en el subconsiente, a través del poder de la emoción o la fuerza del sentimiento, antes de que suceda.

Excelencia: Siempre oía esta expresión de mis profesores, mis padres etc. Pero como concepto y práctica lo profundicé hace 30 años en un seminario llamado "Landmark Education" y aunque en algunas épocas de mi vida he tenido resistencia a que todo tenga que salir "perfecto", me gusta pensarlo como ¨hacer lo máximo que pueda¨, de acuerdo con mis capacidades y conocimientos. Así en todo lo que comienzo, en cualquier idea, canción o proyecto, busco la excelencia, trabajo para hacerlo mejor y pulirlo hasta que rompa mis propios estándares.

La lectura: El mundo se vuelve infinito en posibilidades cuando te aficionas a los libros. Allí encuentras todo lo requerido; información, guía, sabiduría, imágenes mentales, compañía, etc. Soy una lectora ferviente desde mis 12 años, incluso de 2 o más libros simultáneamente. Leo novelas, historia, prosa, poesía, epigramas, estudios científicos, textos sobre salud, finanzas y desarrollo personal, entre otros. El hábito de la lectura te provee herramientas de lenguaje, de avance personal y mental. Es una fuente inagotable de conocimientos sobre lo que queramos; la génesis del mundo, la historia de nuestros ancestros, e incluso el futuro de nuestros pueblos. Para crear desde el Ser, es imperativo leer.

Cuidar lo que entra: Elige lo que ves con lupa y lo que oyes con detenimiento: En mi experiencia profesional como periodista (radio, prensa y TV), nunca pensé que diría esto. Pero… no tengo aparato de televisión, no oigo radio y en mi casa no se oye música, con algunas contadas excepciones. No solamente para mantenernos enfocados y no distraídos, si no "descontaminados" de aquello que no aporta, conviene o enriquece nuestro camino. Alejados de lo que no podemos controlar en nuestro entorno cercano; filtramos noticias, ruido, juicios y toda la "basura" a la que estamos expuestos como seres humanos. Y además ¡limitamos el uso de las redes sociales!.

Para no extenderme demasiado en este segmento, mencionaré brevemente algunos otros secretos y técnicas que practico e incorporo para crear lo que me proponga.

Cultivar la capacidad de aprender: Siempre estoy alerta a cultivar mi disposición y capacidad de aprender cosas nuevas. Escucho podcast que sean de interés para mi o que sean altamente inspiradores, vamos con mi esposo a conferencias, capacitaciones, ya mencioné la lectura, los nuevos hábitos, etc.

Relaciones sinceras: Establezco relaciones sinceras. Tengo pocos amigos, pero son mi familia extendida y elegida.

La manada: Me reúno con grupos de personas con los mismos intereses y búsquedas, el Curso de Milagros, los conductores de *Harley Davidson*, los colegas músicos y compositores, con mis compañeros de retiros espirituales y nutricionales. Y nada es más placentero que juntarme con mi grupo familiar para recargar baterías, reafirmar mis propósitos poderosos y estrechar lazos entrañables.

Éxito inevitable: Busco siempre nuevas maneras de afrontar mis retos creativos, de sortear los NO, de inventar proyectos que inspiren y ayuden a la sociedad o al menos a mi comunidad. Cuando las creaciones sirven a propósitos mayores, el éxito es inevitable. Tenlo en cuenta; lo que sirve a alguien…se expande.

Flexibilidad: Practico la flexibilidad de las ideas, establezco alianzas con personas más experimentadas que yo, productores, compositores, diseñadores gráficos, fotógrafos, músicos, emprendedores. Ni uno solo de mis proyectos colectivos (culturales, artísticos, empresariales, financieros) ha fracasado. Todos han sido relevantes, maravillosos y han ayudado a cientos de individuos en el mundo, han generado empleo y ha cambiado el entorno de quienes han estado involucrados. El Nuevo Teatro Patria que gerencié durante 15 años, Las Clásicas del Amor donde participé en su creación y gestión hace 30 años, 22 álbumes musicales en el mercado, 6 libros publicados, dos programas de televisión y decenas de conciertos dirigidos, música para novelas y documentales, obras de teatro, espectáculos, y la gran Feria Show de América que ayudé a crear y dirigir en 1993 con uno de mis mentores Alberto Upegui.

Descanso la mente y el cuerpo frecuentemente, me premio cuando obtengo una meta, suelto los resultados cuando ya he hecho lo máximo que puedo.

Cultivo la fe en Dios y la certeza de que todo en el universo, opera para mi beneficio, aunque no me guste el resultado.

No al No: La palabra NO jamás me detiene. Lo que imagino y declaro lo llevo a cabo, lo saco a flote, lo termino y le fabrico un plan de acción. Mido el proceso y luego los resultados. Si algo falla, recalibro mi brújula e pruebo nuevas maneras. Lo ensayo muchas veces y no siempre obtengo éxito en el primer intento. En el caso de las canciones, las pulo como se pulen las esculturas o las gemas, hasta que sienta una emoción profunda, alegría, melancolía, transformación, catarsis, sanación, evocación.

Ejercicio: Hago ejercicio diariamente y tomo 2 litros de agua mínimo en el día. Me nutro con alimentos frescos. Pero soy flexible para disfrutar lo suficiente de este arte/ placer de la comida.

Viajo constantemente, para satisfacer mi necesidad de conocimiento, información y experiencias propias.

Mente abierta: A donde quiera que voy, abro mi mente para aprender, escuchar y transmutar en escritos lo que oigo, vivo y siento.

Amo apasionadamente, a mi familia, mi pareja, mis amigos y los seguidores de mi música.

CAPÍTULO 3 - REINGENIERÍA INTERIOR

Descubre tus excusas y abraza a tu cactus

He comenzado decenas de proyectos creativos a lo largo de mi carrera periodística y artística. Programas de televisión, salas de teatro, espectáculos, libros, producciones musicales, ferias de talento, seminarios y retiros, empresas culturales, emprendimientos colectivos, proyectos de carácter social, locales con música en vivo, entre otros. Algunos de ellos (por fortuna pocos) han fracasado de forma estruendosa. Uno de los que más recuerdo (ya lo mencioné en un punto anterior) y quizá el más ambicioso que ha salido de esta cabeza imparable fue el de realizar una feria de artistas con 10 escenarios simultáneos y 10 géneros diferentes, en un solo espacio y por una semana consecutiva, inspirada en un viaje que hice al parque Epcot Center en Orlando, Florida. Me imaginaba ese mismo concepto, pero con música. Para aquella época, tenía apenas 20 años, estudiaba Comunicación Social en la universidad, pero simultáneamente trabajaba y hacía mis prácticas, en una cadena de radio y televisión muy reconocida en mi país, y contaba con el apoyo de uno de mis jefes y mentores (igual de inquieto, loco y osado que yo), pero además cómplice de todas mis ocurrencias creativas.

Era un proyecto absolutamente viable y hermoso, pero, por algunas razones, malas decisiones, contratos con gente inescrupulosa, falta de experiencia, el resultado económico fue devastador para todos los involucrados, incluida la institución que nos apoyaba. Para no entrar en detalles, que algunos de mis cercanos conocen ampliamente, les contaré que un año después, al graduarme de la universidad, también me retiré de la empresa, corté relaciones con mi exjefe y asumí el reto más grande y arriesgado de mi vida profesional: creé mi propia compañía cultural, con 21 años, más de 30 empleados y una responsabilidad enorme sobre mis hombros. Durante 15 maravillosos años, esa corporación cultural y artística, que albergó más de 1.000 espectáculos en escena, fue mi escuela en el arte de trascender las excusas, abrazar el fracaso, cometer mis propios errores y formarme como empresaria creativa.

Por esos años entendí el significado de abrazar a mi cactus, hacer a un lado las excusas que retrasaban mis procesos y dejar de culpar a otros por mis errores. Comprendí que las excusas son justificaciones o argumentos que utilizamos para evadir la responsabilidad de emprender una acción o enfrentar una situación desafiante. En otras palabras, son una especie de mecanismo de defensa que utilizamos para proteger nuestra auto-imagen o evitar sentirnos incómodos ante tareas difíciles o decisiones importantes. Si no hacemos frente a ellas, ahí sí que podríamos quedar estancados y frustrados.

Y es que aquellas saboteadoras pueden manifestarse de diversas formas y suelen estar enraizadas en el miedo al fracaso, la pereza o la falta de confianza en nuestras habilidades.

A lo largo de estos años de ayudar a gestionar los procesos de mis alumnos y asistentes a los talleres, he investigado todo acerca de las excusas, la procrastinación, en resumen...el miedo de emprender, empezar o expandir. La frase mas relevante, pero la más simple que enseño en mis seminarios, es ésta: "No hay creatividad suficiente, ni talento relevante que no se apague ante la costumbre de justificarnos para hacer lo que debemos, disciplinar lo que necesitamos y aprender lo que no sabemos".

Aquí te menciono, algunas de las más recurrentes de nosotros los humanos y créeme que algunas están basadas en mis dolorosas experiencias de intentar mil veces y de fracasar otras tantas, en las de mis conocidos y alumnos, sus historias de vida, su forma enfrentar sus "monstruos" y lograr resultados.

Mi frase favorita cuando fui estudiante era **"No tengo tiempo".** Se convirtió en un patrón que repetía y repetía, hasta que lo hice real, aún en la vida corporativa, sentía que era mi peor fantasma...la falta de tiempo; era incapaz de organizar mis prioridades, de gestionar mis horarios, de organizar un calendario y respetarlo. Tenía metas claras y me concentraba en sacarlas adelante, pero la administración del tiempo, no era una de mis fortalezas. Me apoyé en un curso de gestión de tiempo, donde aprendí algunas cosas fáciles de aplicar: **Bloques de tiempo** o "timeboxing"es decir establecer una franja de tiempo para desarrollar una labor determinada. No solo escribir tu lista de pendientes si no decidir que cantidad de minutos vas a dedicar a cada uno, tratando de resolver y finalizar cada asunto. Otra técnica aplicada es la de los **descansos regulares** a través de un temporizador. Estiramiento, movimiento, actividad física, o cambio de fisiología, me resultaron muy beneficiosas y productivas para no aplazar las tareas. Ya hablé de ello en un capítulo anterior; la importancia de **No aplazar** ninguna acción, es decir procrastinar y sobre todo llevar a cabo primero, la labor o acción más difícil. Bryan Tracy tiene un pequeño pero fantástico libro, sobre este tema, que recomiendo: "Tráguese a su sapo".

Otra de mis alumnas en los talleres, me decía constantemente: **"No tengo edad, soy demasiado joven".** Cuando fue al retiro de la musa, tenía 21 años. Hoy es una mujer de casi 40 años, que ha empezado 4 carreras universitarias diferentes, vive aún con los padres y su actividad principal se reduce a estar metida 10 horas al día en las redes sociales. Detrás de esta creencia se esconden varias cosas: el miedo, la pereza, la formación familiar, la falta de curiosidad y rigurosidad para aprender y educarse, la imposibilidad para enfrentar desafíos nuevos, el temor a ser rechazada, entre muchas otras.

Para la mayoría de seres humanos lo "desconocido" representa a veces lo más difícil. En mi experiencia personal, aunque no era de aquellas personas que preferían quedarse en su zona de comodidad, me sentía insegura de arriesgarme y explorar nuevas oportunidades, de enfrentarme a situaciones desafiantes y desconocidas. Al cabo del tiempo descubrí que **"el miedo a lo desconocido"** nos paraliza.

Otra de las excusas comunes: "No cuento con lo necesario": por mucho tiempo creí que no disponía de conocimientos necesarios, la edad necesaria, la plata necesaria y bla bla bla. Los miedos pueden embarcarnos en un bucle infinito que generalmente retrasa nuestro crecimiento y expansión. Y el paradigma preferido del ego: "No soy lo suficientemente bueno/a": más adelante hablaré profundamente de las creencias como raíz de las excusas. Esta es una de ellas, que comparte una buena porción de la población humana. Igual que la mayoría, el trasfondo es el miedo, la falta de autoconocimiento y la baja autoestima.

¿Imagino que te sientes identificado con algunas de estas excusas? Hay cientos de ellas. Pueden ser la piedra en el camino que nos haga tropezar al encender nuestra Musa, desarrollar nuestra creatividad y cumplir nuestros objetivos. Por eso, en este capítulo veremos cuáles son las raíces de esas excusas y cómo podemos abandonarlas.

La raíz de las excusas

Generalmente, las creamos para postergar nuestras metas y nuestro desarrollo personal. Las diversas causas van desde aspectos psicológicos hasta dogmas limitantes. Despertar a la Musa, crear desde cero, inventar algo nuevo implica decisión, disciplina, valentía y voluntad.

Y la raíz de ellas puede estar anclada en aspectos, como el miedo al fracaso o al éxito, el perfeccionismo, la falta de motivación cuando las metas no están alineadas con los valores, el aplazamiento y la postergación, las distracciones como redes sociales, televisión, tecnologías, la dificultad para manejar el tiempo, la falta de habilidades, la falta de hábitos, de planificación y organización, el temor al cambio, el miedo a lo desconocido, la baja autoestima, la duda, la auto-crítica excesiva y la tendencia a ser duros con nosotros mismos, el hecho de sentirnos inadecuados, la falta de inspiración, la escasez de nuevas ideas, la sobrecarga de información en la era digital, la cantidad abrumadora de datos disponibles, opciones, de no tener una estructura clara o un plan definido, entre los miles de etcéteras.

Las excusas y su relación con nuestras creencias

Cada una de las excusas que ponemos está arraigada en alguna creencia en nuestro interior. Te pongo un ejemplo: la frase "no tengo tiempo" se fundamenta en la creencia de que mi vida es bastante ocupada como para dedicarme al cultivo interior, al espíritu, enfocarme en despertar mis pasiones interiores y crear desde allí. Lo cierto es que para atacar de raíz las excusas, primero debemos entender cuáles son las creencias, de dónde provienen y cómo las trasciendo.

Las creencias son convicciones enraizadas que tenemos sobre nosotros mismos, sobre los demás y sobre nuestro entorno. Influyen en la percepción del mundo que vamos erigiendo. También se reflejan en nuestro comportamiento, en la manera de ver la vida, de reaccionar ante las cosas. Existen varios tipos de creencias, o leyes personales. Te mencionaré aquí algunas de ellas. Cuando identificamos las limitantes, podemos trabajarlas y deshacerlas y aquellas otras que nos empoderan, fortalecerlas. Te voy a contar una historia, para que tengas una idea clara sobre qué son y cómo nos limitan:

Hace años, una niña nacida en un pequeño pueblo creció

rodeada de músicos, compositores, cantores, maestros en su oficio artístico, con referentes muy elevados a nivel musical. En su casa las melodías se oían diariamente; su padre periodista era gran conocedor de zarzuelas, óperas, figuras de la época, cantautores latinoamericanos e inevitablemente ella sentía fascinación por su entorno y su madre, dirigió más adelante una fundación cultural. Desde los 9 años, comenzó a escribir notas en su cuaderno de colegio. Eran breves escritos sobre sus vivencias, sus amigos, el campo, todo lo que veía, olía y sentía. A eso le ponía melodías sencillas. Pero jamás se imaginó que alguien leyera sus pequeños relatos con música. Los dejó guardados muchos años, con la convicción de que no servían. Se avergonzaba de mostrarlos y, por ello, nunca los dio a conocer a nadie. Decidió cantar canciones de otros y, de hecho, la música era solo una afición. Una que otra vez cantaba en público, en festivales y eventos, pero nunca se dedicó a la música seriamente. Estudió periodismo como su papá. Ejerció su carrera y no volvió a interesarse por publicar sus canciones, le parecía que no estaba a la altura de sus referentes, que no habría quién las oyera. Su creencia era "no tengo suficiente talento para ser compositora".

Un día, muchos años después y animada por sus amigos y clientes de su empresa, grabó un disco para ellos con sus canciones. El mismo trabajo que tuvo en sus manos, transcurrido el tiempo, un compositor reconocido mundialmente. Él reconoció el valor de sus composiciones a tal punto, que aquella niña abandonó su carrera, su país, la comodidad de su vida, por perseguir el sueño de escribir canciones para grandes artistas y ser compositora. Trascendió sus creencias, gracias a la guía de alguien que creyó en ella. Esto cambió su vida y su destino.

Esa niña era yo.

Creencias compartidas

Todos los seres humanos, queramos o no, tenemos creencias de limitación, muchas de las cuales han sido un impedimento para nuestro desarrollo creativo y personal. Estas a su vez nos conducen a las excusas, que a su vez son sabotajes, y así sucesivamente.

Por lo general, cada sociedad, cultura, religión, país, comparte creencias colectivas.

Tenemos creencias arraigadas desde la infancia que pueden tener un impacto duradero en nuestras vidas adultas. Las experiencias tempranas con nuestros padres, maestros y otros cuidadores influyen en nuestra autoestima, sentido de valía y perspectiva del mundo. Así, muchas de nuestras excusas también se fundamentan en creencias negativas que han estado en nosotros desde que éramos muy pequeños. Son esas las que más debemos trabajar y moldear de acuerdo con nuestros objetivos. Hay otras acerca de cómo funciona el mundo que determinan nuestra manera de mirar la realidad (el mundo es hostil, no se puede confiar en nadie, etc.), las creencias sobre el futuro, entre otras.

Por supuesto, existen las creencias benéficas, que nos empoderan y acompañan toda la vida. Por ejemplo, alguien que cree que el futuro será brillante y lleno de oportunidades puede ser más optimista y proactivo en la búsqueda de sus metas, dejando de lado el miedo y tomando las acciones necesarias para expandir su mente, su creatividad y su éxito.

Por eso, una vez identificada la creencia que quieres cambiar, necesitas también ser consciente de cómo el entorno influyó en el desarrollo de ella. De esta forma, las circunstancias externas ya no podrán tener poder sobre ti, para lograr el despertar de tu Musa, tu fluidez y plenitud.

EJERCICIO # 1:   CREENCIAS

1)   Escribe las cosas por las cuales te sientes agradecido y los logros que has conseguido en el día (no importa si se trata de algo pequeño, cada paso cuenta). Esto te ayudará a enfocarte en lo positivo y a reconocer tu progreso, lo que puede disminuir la tendencia a buscar excusas.

2)   Deja fluir las ideas sin temor, en una lluvia de ideas sin censura: anota todas las que se te ocurran, sin juzgar su viabilidad o utilidad. Esto te ayudará a liberar tu creatividad y a evitar bloqueos mentales o excusas causadas por el miedo al fracaso o la auto-crítica.

3) Visualiza tus metas y objetivos de manera vívida y detallada. Imagina cómo sería alcanzarlas y cómo te sentirías al lograrlas. La visualización es clave para tu motivación. Además, sentirlo como una realidad es una manera poderosísima de comenzar a crear y manifestar.

4) ¿Cuál es la nueva habilidad que vas a adquirir desde hoy?

5)   Escribe un registro de las excusas y pretextos que tiendes a utilizar para eludir tus proyectos. Así serás capaz de reconocer patrones en tus pensamientos y comportamientos. Esto ayudará a identificar tus creencias limitantes que pueden estar frenando tu creatividad y apagando a tu Musa.

Cada uno de estos ejercicios puede ayudarte a cultivar una mentalidad más receptiva y proactiva hacia la creatividad, y a superar los paradigmas y pretextos que eventualmente surgirán en el camino. La creatividad es un proceso continuo que requiere práctica y compromiso para desarrollarse plenamente.

Las dos mentes y las creencias

Si me permites, voy a contarte otra historia de mi vida personal. En mi casa, desde niñas, crecimos sin una figura paterna. Mi papá murió de un problema cardíaco, cuando yo estaba por cumplir 10 años. Somos tres mujeres. A pesar de la presencia permanente y el empuje de nuestra madre por sacarnos adelante, la ausencia paterna creó en nosotras una sensación de orfandad y desamparo permanentes y, en mi caso particular, construí subconscientemente una necesidad de ser cuidada, amparada y respaldada por una figura masculina de poder. Es decir, iba por la vida buscando el reemplazo de mi padre. De manera clara erigí la creencia subconsciente de ser una huérfana y necesitar apoyo masculino. Como nuestra mente subconsciente es el timón oculto de nuestras decisiones, búsquedas y anhelos, encontré exactamente lo que necesitaba para reafirmar mi creencia: un hombre 21 años mayor que yo, con la sabiduría, el conocimiento, la experiencia, figura e incluso el tono de voz de mi papá.

Nuestras creencias se alojan en la mente subconsciente. Como es importante identificarlas antes de comenzar a crear desde la esencia, te explicaré paso a paso y tal y como lo he estudiado y comprobado en estos años, con todos los autores y autoridades de la psicología moderna, de qué se trata.

Para crear lo que queramos, desde nuestro ser, es importante identificar esas dos porciones de la mente, nuestras dos mentes: la consciente y la subconsciente.

La mente consciente es aquella que nos sirve para crear cualquier cosa que deseemos, donde están albergadas las ideas, los pensamientos, los razonamientos y desde donde podemos imaginar cualquier cosa. Es el banco central de nuestras ideas y podemos acceder a ella de forma permanente. Allí guardamos los recuerdos, los pensamientos que se estructuran a partir de las creencias.

La mente consciente es la encargada de razonar, planear, pensar, ordenar, ejecutar. Está activamente involucrada en la toma de decisiones, el procesamiento de información y el inventario de nuestras experiencias en un momento dado. Es la parte de la mente que está alerta, enfocada y que selecciona qué información procesar y qué acciones llevar a cabo. Es responsable de la atención, la percepción, el razonamiento lógico y la toma de decisiones conscientes.

El subconsciente se refiere a la parte de la mente que opera fuera de la conciencia. Es responsable de almacenar y procesar información de la cual no estamos conscientes, como hábitos, paradigmas arraigados, emociones profundas y patrones automáticos de pensamiento. En el fondo, el subconsciente conduce nuestros actos, sin que sepamos, ni estemos alerta de ello.

Y como ya vimos, las creencias a su vez son estados mentales, ideas preconcebidas, en las cuales se basa nuestra visión del mundo, nuestra experiencia.

Básicamente, una creencia, es una idea que se cree verdadera, pero que no es necesariamente cierta. Una construcción personal, una verdad subjetiva, una convicción, algo que se considera indiscutible. Hay creencias personales, sociales, religiosas, políticas, etc. Con base en ellas actuamos y se convierten en afirmaciones que dominan nuestra vida; son ese grupo de informaciones registradas en nuestra mente mediante las cuales interpretamos el mundo y a nosotros mismos.

En páginas anteriores mencionamos que existen creencias personales limitantes y creencias empoderadoras. Las que albergamos y permanecen circulando en nuestra mente son las primeras y bastante comunes en todos los seres humanos: No puedo, no valgo, no merezco, no soy suficiente, no tengo dinero, soy un fracaso, mi amor perjudica a los demás, etc.

Nuestra mente subconsciente está sostenida e influenciada

por un cúmulo de creencias, paradigmas, leyes personales, y vamos convirtiéndolas en patrones de vida, que moldean, como ya lo dijimos, nuestra visión y proyección del mundo.

Son el timón que conduce el auto de nuestra experiencia, las gafas a través de las cuales miramos lo que nos rodea, lo que vivimos en esta experiencia humana, con lo que alimentamos nuestro pensamiento. Aquello que vemos, sentimos, olemos y oímos, ejercerá una poderosa influencia sobre la mente subconsciente e irá instalando sus propios patrones de programación mental, que, sin darnos cuenta, pueden estar limitando nuestro potencial creativo.

Los seres humanos vamos reafirmando nuestras creencias o luchando contra ellas: cuando son negativas, representan una limitación y debemos llevarlas a la conciencia, trabajarlas, transformarlas y trascenderlas para liberarnos de ellas. Cuando son positivas y que brindan poder, es necesario construir sobre ellas.

Cambiar la programación mental implica trabajar con el subconsciente para reprogramar los patrones de pensamiento que pueden estar limitando nuestro potencial o causando problemas en nuestra vida.

Bloqueos creativos

No es una circunstancia propia de los artistas, creadores, pintores, músicos, etc. Es inherente al individuo y lo afecta en diversos ámbitos.

Sucede cuando nos quedamos estancados, cuando nos sentimos incapaces de generar algo nuevo, de expresar o sentir nuestras emociones. Hay una infinidad de razones: rasgos de la personalidad, conflictos personales, familiares, políticos, sociales, timidez, problemas de autoestima, etc. Aquí solo nos ocuparemos de los creativos, para efectos de la expansión de nuestra Musa.

Eliminar obstáculos creativos puede ser un desafío. Aquí hay algunas estrategias que podrían ayudarte a superarlos:

Identifica los obstáculos: antes de abordar cualquier problema, es importante identificar con claridad cuáles son los obstáculos que afectan tu creatividad. Pregúntate a ti mismo qué es lo que te impide avanzar.

Cambia de entorno: a veces, cambiar tu entorno puede tener un impacto significativo en tu creatividad. Trata de trabajar en un lugar diferente, ya sea un café, un parque o simplemente otra habitación.

Descansa y relájate: la fatiga mental puede ser un obstáculo importante para la creatividad. Asegúrate de descansar lo suficiente y darte tiempo para relajarte. La meditación y las técnicas de relajación pueden ser útiles.

Establece metas claras: define metas específicas y alcanzables. A veces, la falta de claridad en tus objetivos puede obstaculizar tu creatividad.

Abraza el fracaso: el miedo al fracaso puede ser paralizante. Cambia tu perspectiva y ve el fracaso como una oportunidad para aprender y mejorar. A menudo, las lecciones aprendidas de los fracasos pueden conducir a ideas más creativas. Ten por seguro, que desde una perspectiva edificante, el fracaso puede ser el mejor impulso de la transformación, el mejoramiento y el avance.

Practica el pensamiento lateral: piensa distinto, sé transgresor al plantearte soluciones, aborda los problemas desde ángulos inusuales o enfoques no convencionales. Esto puede abrir nuevas perspectivas y desbloquear tu creatividad.

Colabora con otras personas: trabaja con colegas, amigos o mentores. La colaboración puede aportar nuevas ideas y perspectivas que quizás no hubieras considerado por tu cuenta. Asociarte con personas más capacitadas que tu, desafía paradigmas, confronta temores y te permite avanzar.

Rompe la rutina: esta a veces puede sofocar la creatividad. Introduce cambios en tu día a día, ya sea en tus hábitos, habilidades, horarios o actividades, para estimular tu mente de nuevas maneras.

Desafía a tu mente: lee libros emocionantes, educativos, mira películas disruptivas, visita museos, asiste a conferencias, accede al conocimiento. Exponerte a nuevas ideas y experiencias puede inspirarte y desbloquear tu creatividad.

Establece límites de tiempo: a veces, establecer el cuándo, puede impulsar tu creatividad al obligarte a encontrar soluciones rápidas. Casi siempre, la presión de tiempo genera ideas más frescas e innovadoras.

Haz ejercicios creativos: realiza actividades que estimulen tu creatividad, como escribir en un diario, dibujar, hacer *brainstorming*, o participar en juegos creativos.

Recuerda que la creatividad es un proceso individual y lo que funciona para una persona puede no funcionar igual para otra. Experimenta con diferentes enfoques y descubre qué estrategias son más efectivas para ti.

El propósito poderoso

Necesitamos con carácter urgente encontrarle un significado profundo a la vida, si aún no lo tenemos. Una razón verdadera y reveladora que impulse nuestras decisiones y acciones, una brújula poderosa que direccione nuestros pasos. Un propósito tan motivador e inspirador que nos permita conectarnos con lo que representa nuestro más alto estado de Ser. Una fuerza tan arrolladora que nos eleve la energía diaria, para elegir, construir y cumplir nuestras metas.

Pregúntate honestamente, ¿qué es aquello que le da sentido a tu vida? o si ¿hay una razón significativa que guía tus acciones y decisiones?, ¿por qué persigues tus sueños y pasiones?, ¿qué es aquello que te impulsa y te brinda satisfacción y significado?

El propósito poderoso depende de nuestro sistema de valores y a través de las preguntas correctas, podrás descubrirlo.

¿Cómo empiezas?

EJERCICIO # 2: COMO LO DESCUBRO

Tal vez estos sencillos ejercicios, puedan ayudarte a encontrar ese propósito que necesitas y será determinante en la organización de tu estrategia de vida y en la planeación de lo que quieras crear: *¡Respuestas detalladas!*

1. Imagina qué legado quieres dejarle al mundo y construye una declaración poderosa y detallada.
   Ejemplo. Quiero crear una escuela musical para niños con síndrome de Down que tenga...

2. Identifica los valores sobre los que has basado tu vida y las cosas que realmente te importan.

3. Reflexiona sobre cómo puedes marcar una diferencia en el mundo.

4. Piensa en tus habilidades, talentos y pasiones, y examina qué te daría realización personal con ellos.

5. Tómate el tiempo para silenciarte y escuchar tu voz interior. Respira y escucha: ¿Qué te dice?

6. Desafíate, experimenta cosas nuevas, diferentes, que te permitan salir de tu zona de comodidad, mirar más allá de tu caja mental. Escribe que te atreverías a probar para romper tus patrones:

7. Busca referentes y pide ayuda, comparte tus búsquedas, frustraciones y reflexiones con la gente de tu entorno, con quienes te aman. Ellos pueden ayudarte a aclarar tu propósito. ¿Quienes serían?

8. Imagina qué te hace inmensamente feliz y cómo te ves en unos años.

9. ¿Describe como eres?, cuales son tus características y tus rasgos de carácter. Al menos 10 de ellos.

10. Crea una imagen mental detallada de tu deseo, de como te sientes viéndolo manifestado. Es importante visualizarlo y escribirlo como si ya fuera realidad. Es un ejercicio poderoso sentir todas las emociones positivas asociadas con tu visión. Ej. He logrado…

Tu *"para qué"* es tu propósito poderoso

Siempre digo que no hay mejor motor que un propósito suficientemente poderoso.

No se trata simplemente de lograr unas metas, aunque ello puede proporcionarte satisfacciones, beneficios, expansión económica o lo que quiera que pretendas obtener. La búsqueda del propósito debe ser mucho más profunda que eso; deberá ser el fuego ardiente que permita iluminar tus zonas más oscuras, brindarte tanta fuerza y emoción que pueda movilizar tus recursos internos, aun cuando todo parezca difícil.

Un propósito poderoso nos permite obtener la **perspectiva del logro**. Nuestra tendencia natural es crecer, avanzar, expandirnos. Tener un propósito potente da sentido de pertenencia, satisfacción y triunfo personal. Está directamente relacionado con el desarrollo de nuestra autoestima, nos conecta con la felicidad, nos acerca a los objetivos y metas. Además de ello nos da **realización personal** y permite expresar nuestro máximo potencial, satisfacer nuestra necesidad de avance, crecimiento y expansión.

Podría contarte muchas historias recogidas a lo largo de mis sesiones de mentoría e investigación de muchos años. Pero ésta es una de mis consentidas: La niña más estudiosa y condecorada de mi escuela, Mónica, había vivido una vida cómoda. Sus papás eran profesores de literatura y matemáticas en dos instituciones y siempre estuvo rodeada de libros, conocimiento y buenos hábitos de estudio. Recuerdo que era de baja estatura, usaba gafas y para el promedio de edad de nuestro curso, era bastante joven. Sus padres decidieron mudarse a otra ciudad y comenzaron sus problemas de sobrepeso, debido a la ansiedad. En esta nueva realidad (muy diferente a la nuestra) sus compañeras, algunas con graves conflictos familiares, carencias, ausencias de padre, vivían presas de varios problemas, entre ellos de alimentación, psicológicos, delgadez extrema, condiciones de alergias, rechazo a la comida, etc. etc. Mónica se vio afectada por un entorno hostil, baja adaptabilidad, socialización nula y como consecuencia ansiedad por la comida que desencadenó en obesidad. Meses después se convirtió en víctima de un delicado trastorno alimenticio que consistía en comer en exceso y devolver los alimentos. En el argot médico se llama bulimia nerviosa. Comenzó a adelgazar exageradamente y a tener otros problemas derivados de esta condición, depresión, falta de sueño, aún más ansiedad, problemas interpersonales, culpa, etc. Todo ello afectó su desempeño estudiantil y por supuesto abandonó el colegio. Los últimos años de escuela los completó en casa, donde su familia pudo apoyarla en tan complicado proceso. Unos años después, al graduarse de la secundaria, decidió estudiar psicología y nutrición. Convirtió su experiencia dolorosa en la bandera de su enseñanza. A través de consultas, charlas y conferencias, apoyó a cientos de niñas con la misma situación suya y construyó su **propósito inspirador**…salvar vidas, alertar mentes y cambiar conciencias. Creó una metodología, que resultó eficaz para el tratamiento de los desórdenes alimenticios, que incluía respiración, manejo del estrés, ejercicio físico pero sobre todo auto conocimiento y auto valoración. Alguna vez, por una hermosa coincidencia asistió a uno de mis seminarios creativos y desde entonces, es uno de mis referentes en temas de nutrición y conciencia.

Un propósito poderoso nos ofrece **bienestar y estabilidad.** Somos permanentes buscadores de felicidad y satisfacción. A través de un motivo que de sentido a nuestro devenir, podremos experimentar una existencia más significativa y satisfactoria. Hablo permanentemente de la necesidad de encontrar **un profundo sentido de la vida.** Este se va construyendo paso a paso, cada día, forjando metas claras y trabajando hacia la consecusión de ellas. El propósito poderoso nos ayuda a enfocarnos en lo que realmente es importante para nosotros y nos impulsa al avance, aún en tiempos difíciles.

Definir el **"para qué"** genera aprendizaje continuo: somos expansivos por naturaleza, por lo que nuestros motivos externos son un reflejo de lo interior. Buscamos aprender, crecer, evolucionar, innovar, adquirir habilidades y conocimientos, pero, más allá, vivir experiencias valiosas y diferentes.

Este "para qué" es la fuerza que nos inspira para impactar nuestro entorno: siempre he dicho que cuando hay "motivos" más poderosos que nosotros mismos, es decir **un propósito mayor,** nuestro paso por la tierra se hace leve, grácil, más llevadero e inspirador. Algunas metas que están relacionadas con hacer la diferencia en el mundo y en la vida de las personas, servir a través de nuestros dones, etc. nos dan la posibilidad de experimentar un sentido de contribución y satisfacción mayor, por el impacto positivo que tiene sobre los demás.

Un propósito, para que sea suficientemente conmovedor, poderoso y sostenible en el tiempo, debe estar cimentado en el amor. Todos los sentimientos asociados al amor como la fe, la alegría, la certeza, la esperanza, la fuerza, etc., según Un Curso de Milagros, nos ayudan a vivir vidas más plenas, apasionadas, positivas, emocionantes. Cualquiera que sea tu propósito y cualquiera que sea la búsqueda de tu Ser, trabájala sobre los cimientos del amor y verás más fluidamente los frutos espirituales, materiales y físicos. Vivirás una experiencia más satisfactoria y significativa, alineada con tus valores y aspiraciones personales.

La importancia del por qué (la pregunta correcta)

Ya comenzaste a descubrir el ¿para qué? de tu vida, o propósito poderoso, ahora te invito a que te preguntes ¿"por qué"? pero de una forma proactiva. Te explicaré: No sirve preguntarte ¿Por qué pasan las cosas?, ¿por qué hay tanto caos en el mundo?, ¿por qué hay personas malas y otras bondadosas? etc etc. En primer lugar, son preguntas cuyas respuestas están fuera de tu control, en segundo lugar, te conducen a un estado mental y emocional incorrecto, desde donde no queremos crear.

Sin embargo, la importancia de la pregunta correcta radica en que puede convertirse en una fuente inagotable de ideas, de sentimientos y de emociones correctas, en una brújula que te hará tomar acción, en una herramienta que ayudará a tu mente subconciente a deshacer los patrones que no sirven. Te pondré un ejemplo:

Situación: Mis papás tenían razón ¡No puedo vivir de mi arte!

Porqué: No me da suficiente dinero para mantener mis gastos.

Creencia: Soy un artista fracasado.

En este caso, las preguntas correctas te conducirán a las respuestas y a las emociones adecuadas:

¿Por qué no logro sobresalir y ganar más? Necesito corregir un hábito o cultivar una nueva habilidad que me haga aún más experto en mi área. De esta manera obtendré más ingresos.

¿por qué me rindo fácilmente? Me falta decisión, valentía y disciplina. Me quedo en mi zona de comodidad.

¿Por qué no avanzo? Sigo haciendo las mismas cosas, esperando resultados diferentes.

La clave del "por qué" está en que moviliza tus recursos internos.

El proceso de formular una pregunta, significa que estamos abiertos a nuevas ideas y perspectivas, nos desafía a pensar críticamente, nos permite analizar distintos ángulos de un mismo problema y comprenderlo en su contexto más amplio.

El ¿por qué? fomenta el cuestionamiento, te permite inventar nuevas soluciones, despierta el deseo de debate. Es por ello por lo que es usado como generador y organizador de la práctica escolar porque da sentido a la educación.

¿Por qué lo buscas? ¿A qué obedece? ¿A tus deseos del ego o tus deseos del espíritu? ¿el "por qué" proviene de la inquietud, de las ganas de aprender y entender. ¿Por el contexto de nuestro libro, cada pregunta está asociada con el miedo o el amor? Te explicaré.

Ya mencioné que, en algunos sistemas de pensamiento, solo existen dos emociones, el amor y el temor. Todas las demás, provienen de ellas. El ego se refiere a esa parte de nosotros conectada al miedo y sus emociones asociadas: culpa, ansiedad, depresión, indecisión, desesperanza, apatía, frustración etc. Las otras provenientes del amor, son la verdad de nuestro Ser, nos empoderan y conectan a la fuente divina, al Plan Infinito, a Dios, a la divinidad en nosotros, ya lo hablamos en algún párrafo anterior, nos sintonizan con el estado de alegría, paz, expansión, plenitud, fuerza, decisión, libertad, paciencia, creatividad etc.

En el ejercicio del perdón que encontrarás más adelante, conocerás la importancia de preguntarte "por qué". Este será el que apoye la revelación, el motivo y el proceso acerca de como se originan nuestras creencias limitantes.

Nuestros recursos en la búsqueda de propósito

Recursos internos

- **La buena actitud** es determinante para el logro de cualquier cosa que pretendamos alcanzar.

- **Nuestro patrimonio interior**: son nuestras habilidades y talentos naturales o aquello en lo que nos destacamos. Es de gran importancia identificar nuestro patrimonio, o habilidades naturales y adquiridas o desarrolladas con el tiempo. Ello nos brindará la pauta para enfocarnos en lo que podemos hacer de maravilla.

- **Conocimientos**: información, saberes y experiencias. Analiza tu educación, experiencia laboral, viajes y otros logros que te hayan proporcionado conocimiento y habilidades útiles.

- **Fuerza interna**: reconoce tus mayores fortalezas, como la resiliencia, la perseverancia, la creatividad y la capacidad de adaptación.

- **Singularidad:** pregúntate qué te hace diferente al resto de la gente, cuál es tu huella personal, qué tienes diferente a otros, ¿por qué eres único?.

- **Lo que proyectamos:** Cómo te perciben los demás puede darte una pauta de algunos aspectos de ti, que aún no consideras poderosos a la hora de crear

- **Sistema de creencias y valores**: En qué crees, sobre qué valores fundamentas tu vida y tu fe.

Recursos financieros

Gran parte de las veces descubrimos patrones de pensamiento negativos con relación al dinero, a los bienes materiales, al manejo de nuestras finanzas personales, sin asumir el control total y consciente de lo que tenemos, lo que ganamos y lo que podemos gastar. Los creativos en ocasiones nos hundimos en un bucle mental, en una negación apoyada en la creencia personal, familiar, educativa, de que es difícil generar dinero con nuestra creatividad.

Trabajar esos patrones mentales y emocionales hace que podamos deshacer los negativos y enfocarnos en los que sí nos sirven. Evalúa tus recursos financieros, tu capacidad de ahorro, tu relación e interés por el dinero. Podrías descubrir algunos paradigmas negativos con respecto a los recursos materiales. La buena noticia es que puedes trabajar para deshacerlos. Es tremendamente benéfico aprender en el tema de finanzas, interesarte, buscar asesoría, asistir a conferencias, enamorarte del hecho de que tu creatividad de frutos financieros.

Los recursos financieros son lo que tienes, lo que puedes llegar a tener y lo que visualizas que tendrás. Todos ellos pueden coadyuvar en el desarrollo de tu potencial creativo.

Recursos tecnológicos

Hoy en día, en casi todos los países de nuestro planeta hay acceso a la tecnología, a los computadores, a la inteligencia artificial. Considera en qué medida los usas, cuánto acceso tienes a la tecnología: computadoras, teléfonos inteligentes, internet y software pueden ser usados de forma eficaz en nuestros procesos creativos, hacernos más rápidos y eficientes.

Evalúa cuales son los tuyos y cómo puedes potencializar tu creatividad con ellos. Abajo encontrarás un ejercicio sencillo que te hará descubrir cuáles recursos son los adecuados para el desarrollo de tu imaginación y creatividad.

Recursos materiales o físicos

Son los objetos tangibles que poseemos, que apoyan nuestro quehacer creativo: instrumentos musicales, elementos deportivos, nuestra vivienda, automóvil, herramientas, ropa y otros bienes materiales. Apóyate en ellos para desarrollar la plenitud de tus potencialidades. Y visualiza pertinazmente los que necesitas para seguir creando.

Recursos sociales

Son los grupos, asociaciones, comunidades a las que perteneces. Identifícalos y úsalos para la expansión de tus obras. Siempre necesitamos pertenecer a ellos. Son un espejo de la forma como estamos relacionándonos con el mundo exterior. Ubica cuáles son tus relaciones personales, familiares y profesionales que pueden proporcionarte apoyo emocional, consejos y recursos adicionales.

Analiza si perteneces a comunidades, grupos u organizaciones que pueden ofrecerte apoyo y recursos adicionales.

Recursos emocionales y de salud

Evalúa tu salud física, mental y emocional, así como las estrategias que utilizas para manejar el estrés y las dificultades. Reconoce las prácticas saludables y de autocuidado que te ayudan a mantenerte saludable y enérgico. Aquí podrás encontrar una serie de prácticas, saberes, sistemas de nutrición, técnicas potentes que apoyarán el mejoramiento de tus recursos emocionales y de salud.

Al identificar y aprovechar la lista completa de tus recursos emocionales estarás en capacidad de utilizarlos de manera más efectiva para alcanzar tus metas y enfrentar los desafíos que puedan surgir en el camino. Recuerda que tus recursos pueden evolucionar con el tiempo, así que mantente abierto a nuevas oportunidades y formas de fortalecer tus capacidades.

Referentes

Reconoce a las personas que te han inspirado o guiado en la vida, que han logrado los resultados que tú quisieras obtener. Nuestros referentes son el espejo donde podemos mirarnos, conocer sus procesos, sus dolores, su camino y emular algunas de sus fuentes de expansión y crecimiento.

De hecho, nuestros referentes pueden convertirse en mentores del desarrollo de nuestros proyectos, ideas y planes. En mi caso, ya he mencionado algunos, trato de conseguir guía de las personas que admiro o quienes han logrado lo que yo quiero lograr. Por ejemplo, mi referente musical como compositor y artista ha sido y será Armando Manzanero. Fue a él a quien busqué por muchos años para dirigirme, me preparé para ese encuentro y cuando conoció mi música en el año 2000, se convirtió en mi productor y mentor por 20 años.

La magia del perdón

En un capítulo anterior, vimos cómo las excusas nos impiden avanzar y activar nuestra chispa interior, y también mostramos la importancia del autoconocimiento y la reflexión interna para descubrir nuestro potencial y despertar a nuestra Musa. Todos estos elementos son fundamentales en el desarrollo de la creatividad, pero hay otro elemento que no podemos dejar escapar: el perdón.

El perdón juega un papel fundamental en el desarrollo de nuestro potencial y en la activación de nuestra brújula interior. La relación entre perdonar y alcanzar nuestro máximo potencial radica en el impacto profundo que el resentimiento y el rencor ejercen en nuestra vida y en nuestra capacidad para avanzar. Y es que, cuando llevamos cargas emocionales negativas, como el resentimiento, el rencor o la ira, estas pueden actuar como pesadas cadenas que nos impiden avanzar hacia nuestras metas y sueños, retrasando el despertar de nuestra Musa. Estas emociones tóxicas consumen nuestra energía mental y emocional, limitando nuestra capacidad para concentrarnos en lo que realmente importa y para tomar decisiones conscientes.

Por todo esto, en este capítulo quiero enfocarme en guiar tu proceso de perdonar. Al perdonar, liberamos esta carga emocional negativa y nos abrimos a nuevas posibilidades. Nos ayuda a dejar atrás el dolor y el sufrimiento, y a abrirnos a la posibilidad de experimentar la alegría, la paz y la plenitud, lo que sin duda potencia nuestro desarrollo creativo a niveles sorprendentes.

¿Alguna vez alguien te hirió tanto que piensas que es imposible perdonar? Todos tenemos heridas del pasado y del presente. Estas pueden estorbarnos enormemente e impedirnos oír nuestra voz interior y alcanzar la inspiración. Y es que el perdón nos ayuda a sintonizarnos con nuestra brújula interna y a escuchar con claridad nuestras intuiciones y deseos más profundos. Al liberarnos de las cargas emocionales del pasado, nos abrimos a la posibilidad de conectarnos con nuestra esencia más auténtica y de alinear nuestras acciones con nuestros valores y metas. El perdón nos permite acceder a nuestra sabiduría interior y a seguir la guía de nuestra brújula interna con confianza y claridad.

Veamos cómo puedes comenzar hoy mismo a practicar el perdón de una forma radical y consciente.

¿Qué es el perdón radical?

¿Para qué sirve perdonar?

Es importante destacar que el perdón radical y el despertar de nuestra magia individual están intrínsecamente conectados, ya que el perdón profundo y sincero nos libera de las cadenas emocionales que pueden restringir el acceso a nuestra verdadera esencia y potencial. Cuando practicamos el perdón radical, no solo estamos liberando a los demás de nuestras expectativas y demandas, sino que también estamos liberándonos a nosotros mismos de la carga emocional que llevamos. Esta liberación nos permite sanar heridas pasadas, dejar ir el dolor acumulado y abrir espacio para el crecimiento personal y la transformación.

Perdonar radicalmente implica un compromiso total con nosotros, que va más allá de simplemente decir las palabras "te perdono". Requiere un cambio interno profundo en la actitud hacia la persona que ha causado el daño, así como un proceso de sanación personal para liberarse del peso emocional del resentimiento. Por eso, para muchos el perdón radical puede ser un proceso desafiante y requiere una gran dosis de comprensión, empatía y amor propio. Lo bueno es que al hacerlo trae consigo toda clase de beneficios.

Te libera emocionalmente, es el responsable de tu paz interna, crea relaciones saludables, permite el crecimiento y desarrollo, etc.

El perdón radical es un acto poderoso de liberación emocional y sanación que te permite alcanzar beneficios significativos para el bienestar emocional y las relaciones personales. Pero, más aún, el perdón te libera de cadenas de rencor que estén impidiendo el crecimiento de tu creatividad y el despertar de tu magia interior. Por eso, es importante que comiences hoy mismo a dar pasos para perdonar, sea que alguien más te haya herido o incluso sea que te tengas que perdonarte a ti mismo por errores pasados.

¿Cómo empiezo a perdonar?

En general, perdonar puede ser un proceso desafiante, pero, con práctica y paciencia, es posible lograrlo. Para ello, lo primero es reconocer tus sentimientos y aceptarlos, intentar entender la perspectiva del otro y sus acciones, tomar la decisión consciente de perdonar, dejar ir el pasado y enfocarte en el presente.

Por último, quiero compartirte un concepto sobre el perdón que me maravilla: es el de Un Curso de Milagros: Perdón es el reconocimiento de que nadie, fuera de ti, te hizo daño.

Este ejercicio intenso te ayudará a poner en práctica el perdón, a liberarte de excusas, exponer tus creencias, crear tu nueva historia y empezar a construir tu gran obra.

EJERCICIO # 3: INICIANDO PROCESO DE PERDÓN

I. RESENTIMIENTOS

¿A quién o a qué?	¿Por qué?	Creencia
Ejemplo: Mi ex	*Se fue con otro/a*	*No soy bueno/a para nadie.*

II. CULPAS

¿Con quién?	¿Por qué?	Creencia
Ejemplo: Con un hijo	*Por no dedicarle tiempo*	*Soy un mal padre*

III. MIEDOS

¿A qué?	¿Por qué?	Creencia
Ejemplo: A decir NO	*Temo que no me acepten*	*Necesito ser aceptado*

Deshaciendo creencias

Ej. Soy un ser maravilloso y completo, me acepto a mí mismo tal como soy. Así que me perdono completamente. De hoy en adelante...

Mi nueva posibilidad

Ej. Ahora que me he perdonado, elijo la nueva posibilidad de iniciar una nueva carrera profesional....

Afirmaciones diarias

Ejemplo. Pase lo que pase, hoy elijo sentirme bien. Solo por hoy, elijo no preocuparme.

CAPÍTULO 4 - LA BRÚJULA INTERIOR

Una Historia

Recordé una historia que puede describir mejor que es la brújula interior...

Hace mucho tiempo, en un puerto no muy lejano llamado Puerto Escondido, un intrépido marinero llamado Marco decidió embarcarse en una emocionante travesía en su velero, el Libertad. Era un hermoso día de otoño, el sol brillaba en lo alto del cielo y las olas acariciaban suavemente la costa.

Sin embargo, lo que comenzó como una tranquila expedición pronto se convirtió en una peligrosa aventura cuando una repentina tormenta azotó el mar, llevando al Libertad lejos de la costa y dejando a Marco completamente desorientado.

Refugiado en su camarote mientras la tormenta rugía afuera, Marco se sintió perdido en medio de la vasta extensión del océano. Cuando finalmente la tormenta amainó, salió a cubierta y notó que no reconocía ningún punto de referencia en el horizonte. Estaba completamente perdido y sin saber qué dirección tomar.

Con un nudo en la garganta, Marco elevó una plegaria al cielo, pidiendo ayuda en su desesperación. Para su asombro, un rayo de sol iluminó su velero de manera casi milagrosa, como si alguien lo estuviera escuchando desde lo alto.

Entonces, una voz profunda resonó en su mente, respondiendo a su llamado. Era como si el mismo Dios o el universo le hablara. Y le dijo sus coordenadas exactas. Marco, emocionado y agradecido, supo dónde se encontraba, pero pronto se dio cuenta de que saber su ubicación no era suficiente para encontrar el camino de regreso a casa.

Marco se sintió aún más perdido. Saber dónde estaba no le servía de nada si no sabía hacia dónde dirigirse. Necesitaba más que coordenadas, necesitaba un rumbo.

Entonces, en un gesto de generosidad divina, un pergamino cayó del cielo atado con una cinta celeste. Marco lo desenrolló y encontró un detallado mapa que mostraba su ubicación y el camino hacia su destino, Puerto Escondido.

Sin embargo, incluso con el mapa en sus manos, Marco seguía sintiéndose perdido. Se dio cuenta de que necesitaba más que información; necesitaba un rumbo claro y definido para seguir adelante.

Con determinación, estudió el mapa y trazó una ruta hacia Puerto Escondido. Con el rumbo marcado, Marco levantó las velas del Libertad y se embarcó en su viaje con renovada confianza y esperanza en su corazón.

A medida que navegaba por las aguas desconocidas, Marco recordó una importante lección: saber dónde estás y hacia dónde vas es importante, pero encontrar el rumbo adecuado es lo que te mantiene en camino, incluso en los momentos más difíciles.

Y así, guiado por su brújula interior y con el rumbo claro, Marco finalmente encontró su camino de regreso a casa, navegando hacia un nuevo amanecer lleno de aventuras y desafíos.

La brújula interna es el GPS del alma

Antes de comenzar a hablarte sobre la "brújula interior", es importante que sepas que el rumbo y la meta son cosas distintas, que la brújula de tu ser sabe guiarte a través de la intuición hacia la meta, pero tu eres quien elige el camino. La brújula interior te da una guía confiable para mantenerte en curso y evitar que te pierdas, pero eres tu quien sabe hacia donde se dirige.

Así como existe una brújula física que guía a los caminantes, también existe una brújula interior que está dentro de cada individuo, es la que nos orienta, para no perdernos en la vida. A todos se nos ha dado una guía interna y sabia para movernos. Algunos lo llaman intuición, mientras que en otros sistemas de pensamiento lo llaman poder interno. Sea como sea, en este capítulo lo llamaremos brújula interior, y lo importante es que todas las personas nacimos con una. Sin embargo, no todos saben cómo usarla, ni leerla, ni oírla. Aprenderlo puede ahorrarnos distracciones, dolores y tiempo.

A través de su intuición, cada uno puede descubrir y desarrollar sus capacidades para alcanzar el máximo potencial de su creatividad, éxito y realización personal. A través de ella podemos oir nuestra propia voz; nos da la capacidad de explorar nuestras emociones y de ser nuestro observador. Esta brújula se convierte en poder interno y puede manifestarse de diferentes formas, como certeza, paciencia, autoconfianza, determinación, creatividad, resiliencia, capacidad de adaptación, superación.

¿Y cómo reconocemos nuestra brújula interior y la utilizamos a nuestro favor? Pues bien, ella también implica reconocer y aprovechar nuestras fortalezas y talentos únicos, así como también aprender a gestionar las emociones, creencias y pensamientos de manera constructiva. Al hacerlo, podemos cultivar una mayor autoestima y autoeficacia, lo que nos permitirá enfrentar los desafíos con mayor confianza y afincar nuestras obras creativas.

La brújula interior desata nuestro poder interno, se convierte en la fuerza que nos impulsa a seguir adelante, a superar metas y obstáculos y a alcanzar cualquier meta que nos tracemos, aquello que queramos obtener, hacer, o ser. Así que, veamos ahora cómo puedes comenzar a utilizar esa brújula para alcanzar tus objetivos y mantener despierta a tu Musa creativa.

Activar la brújula interior es un proceso interno que implica sintonizarse con nuestras propias emociones, intuiciones y deseos más profundos.

A diferencia de una brújula convencional que se activa al interactuar con el campo magnético terrestre, la brújula interior se activa mediante la autoconexión y la autoconciencia. Además, al igual que una brújula convencional necesita ser nivelada y liberada de interferencias externas, la brújula interior requiere de un estado mental tranquilo y receptivo para operar de manera efectiva.

Al activar nuestra brújula interior aprendemos a escuchar nuestra voz interior. Así como una brújula convencional señala el norte magnético, nuestra brújula interior nos guía hacia lo que realmente nos motiva y nos inspira en la vida.

Necesitaremos cultivar una conexión sólida con nuestro yo interior para asegurar que nuestras decisiones estén alineadas con nuestros valores y metas más auténticas. Activar nuestro poder interno implica tomar medidas concretas para fortalecer la confianza en ti mismo, cultivar una mentalidad positiva y desarrollar habilidades que te ayuden a enfrentar los desafíos de la vida de manera efectiva.

Con esto en mente, hay algunas estrategias que pueden ayudarte a activar tu poder interno. Además del autoconocimiento y la visualización que hemos planteado en capítulos anteriores, para activar tu brújula interior, es fundamental tomarte el tiempo necesario para la reflexión y la introspección, y esto lo puedes explorando estos pasos:

- **Atención plena y presencia total**: Mantente en el presente, enfócate en este momento, observando tus pensamientos, emociones y sensaciones corporales sin juzgar. La atención plena te ayuda a sintonizarte con tu mundo interno y a desarrollar una mayor conciencia de ti mismo. Además en ausencia de pasado o futuro, te toca habitar el ahora, que es único momento real y verdadero.

- **Escúchate**: Oye tus pensamientos y vigila tus emociones: en vez de tratar de negarlos y ocultarlos, permítete tiempo para oírlos y sentir tus propias emociones; de esta forma aprenderás a reconocer las señales que tu intuición te está enviando. Podrás identificar tu voz interior y silenciar a tu ego y de esa manera, crear desde la verdad de tu Ser.

- **Explórate**: Analiza tus valores y metas, reflexiona sobre tus principios fundamentales y lo que realmente te importa en la vida. ¿Qué te hace sentir vivo? ¿Cuáles son tus objetivos y aspiraciones más profundas? Conectar con tus valores te ayudará a alinear tus acciones con lo que realmente te interesa. Los valores proceden de la educación, la familia, la cultura, el sitio, la religión, etc etc. Explora si tus valores se identifican contigo. Siempre tienes derecho a revaluarlos y cambiarlos, en pro del avance y el crecimiento personal.

- **Sé auténtico**: Sé honesto contigo mismo y con los demás. Vive de acuerdo con tus valores y principios, y no te conformes con lo que no te hace feliz o realizado. La autenticidad te ayuda a vivir una vida más honesta y satisfactoria, a la vez que mantiene activa tu chispa y tu brújula interior.

- **Des-identifícate**: Te diré algo, en mis cientos de sesiones de mentoría individual a lo largo de 15 años, he descubierto que las personas más felices, auténticas y proactivas son las que menos se "identifican" con el personaje que han creado. Todos inventamos un personaje, un rol que desempeñamos a lo largo de la vida, como pareja, como hijos, como ente social, etc. y generalmente relacionado con lo que hacemos, no con lo que somos: soy ejecutivo, soy artista, soy emprendedor, soy hostil, soy osado, etc etc. Podríamos dedicar un capítulo entero al tema, pero solo te diré que, en el proceso de auto observación, silencio y auto conocimiento, encontrarás el secreto para abandonar la "identidad" (casi siempre falsa), que has erigido, defendido y sostenido a lo largo de tu experiencia en la tierra. Por lo general, nuestra identidad comienza a pesarnos, se convierte en un equipaje difícil de llevar, en un personaje imposible de sostener, un nudo complicado de desatar. Aún más cuando sabemos de la naturaleza impermanente de toda realidad, incluso de nuestros estados internos. Cuando nos aferramos a lo que creemos que somos, aparecen el dolor, la impotencia y la frustración. Y por el contrario, cuando reconoces la "identificación" con tu rol, puedes empezar a trabajarla, deshacerla y dejar que tu esencia fluya a través de ti. Este es el inicio de tus creaciones más expansivas y verdaderas.

- **Aprende de tus experiencias**: reflexiona sobre tus experiencias pasadas y aprende de ellas. Observa cómo te han moldeado y qué lecciones puedes obtener de cada situación. Esto te ayudará a entender mejor quién eres y hacia dónde te puede guiar tu brújula.

- **Crea espacio para la creatividad**: Construye tu espacio ideal y dedica tiempo a actividades creativas que te permitan expresarte y explorar tu mundo interno. La creatividad puede ayudarte a conectarte con tu brújula interior y a descubrir nuevas perspectivas y posibilidades. Si no le dedicas tiempo al ejercicio creativo o no le provees del espacio adecuado, siempre vivirás preso de tus excusas; no hay tiempo, no puedo, no sirvo, etc.

Al practicar estas estrategias de manera consistente, podrás activar tu poder interno (tu GPS) y desarrollar la confianza y la fortaleza necesarias para alcanzar tus objetivos y vivir una vida plena y satisfactoria. Nuestra brújula nos ayuda a encontrar nuestro verdadero norte emocional y nos permite ejecutar acciones que estén en armonía con nuestra verdadera esencia. Al igual que una convencional nos permite navegar por el mundo físico, nuestra brújula interior nos ayuda a navegar por el mundo interior de nuestras emociones y deseos más profundos.

Lo último que te compartiré sobre el GPS interno o la brújula es que solo la puedes activar silenciando tu cabeza.

El poder de crear desde mi marca personal

Tener una marca personal sólida y desarrollar un plan de acción para cumplir tus objetivos creativos están intrínsecamente conectados y pueden influirse mutuamente de varias maneras significativas. En primer lugar, una marca personal bien definida proporciona el marco y la identidad desde los cuales se puede construir un plan de acción efectivo. Al establecer quién eres, qué representas y cuáles son tus valores fundamentales, estás delineando los cimientos sobre los cuales puedes trazar tu camino hacia el éxito creativo. Esta claridad en tu identidad personal te brinda una guía invaluable al momento de establecer metas concretas y estrategias para alcanzarlas.

Además, la construcción de una marca personal implica comprender y conectar con tu audiencia objetivo. Esto se traduce directamente en la etapa de desarrollo de un plan de acción, donde identificar y entender a tu público objetivo es esencial para diseñar estrategias efectivas. Todo esto sin mencionar que con una marca personal también adquieres más coherencia y consistencia. Una marca personal exitosa se construye sobre la base de mantener una imagen y comunicación coherentes en todos los aspectos de tu vida profesional y personal. Del mismo modo, un plan de acción bien desarrollado debe mantener la cohesión con tu marca personal. Cada paso que tomes para alcanzar tus objetivos creativos ha de reflejar y reforzar tu identidad y propósito, lo que garantiza una ejecución alineada y efectiva de tu plan.

Con esto en mente, no cabe duda de que desarrollar tu marca personal es un emocionante paso de tu proyecto que puede requerir tiempo, esfuerzo y una estrategia sólida. Tanto es así que la construcción de nuestra marca suele ser un proceso de años, de autoconocimiento, de estar atentos a nuestra voz interna, un proceso de depuración de lo que queremos proyectar al mundo externo. Siempre requerirá reflexión, de análisis de nuestras aptitudes y habilidades, del entorno al cual queremos impactar; pero eso no significa que sea algo imposible de lograr. Lo importante es que comiences, porque al tener una idea clara sobre tu marca el desarrollo de tu plan de acción será mucho más efectivo.

Como crear una marca personal

Ahora que sabes la importancia de tener tu marca personal y cómo ella puede ayudarte en el desarrollo de tu plan de acción, quiero invitarte a comenzar a crearla. Tu marca personal es también la percepción que los demás tienen de ti, basada en tu experiencia, habilidades, valores, personalidad y la forma como te presentas tanto en línea como fuera de línea. Es la impresión que dejas en las personas y cómo te diferencias de los demás en tu campo o industria. Y para encontrar tu marca personal, aquí hay algunos pasos que puedes seguir. Pero antes te contaré algunos secretos que he descubierto a través de las sesiones con alumnos.

En primer lugar, tengo la convicción de que a partir de un dolor, una limitación, una característica, una experiencia dolorosa, una lección de vida, una enfermedad, etc. se puede crear la "historia de tu marca". De hecho, es más poderoso crear desde la vivencia que desde el cúmulo de información.

Para comenzar a crear tu marca puedes empezar por reflexionar sobre quién eres, de donde provienes, cuáles son tus valores, tus fortalezas, tus habilidades y tus pasiones. Considera qué te hace único y cómo puedes destacar en tu campo. Pero lo realmente importante es ¿para qué quieres identificar tu marca?

Así que deberás definir tu objetivo: ¿qué quieres lograr con tu marca personal? ¿Cuál es tu audiencia? ¿Qué mensaje quieres transmitir?

Investiga a tus competidores y referentes, ¿quien ha hecho lo que tu quieres hacer? analiza a tu competencia y observa cómo se están posicionando en el mercado. Identifica qué los hace destacar y cómo puedes diferenciarte de ellos, que camino tomaron, que errores cometieron, e incluso reúnete con ellos, vuélvemos aliados. Serán la mejor escuela para crear tu marca personal o profesional.

Lo más importante de tu marca es la propuesta de valor define qué te hace especial y por qué alguien debería elegirte a ti sobre otros. ¿Cuál es tu propuesta única? ¿Qué problemas puedes resolver para los demás?

Toda marca corporativa o personal necesita una identidad visual y verbal: esto incluye apariencia personal, presencia en línea (como tu sitio web, perfiles en redes sociales, etc.), así como el tono de voz y el estilo de comunicación que utilizas para conectarte con tu audiencia. Ojo, a medida que vayas explorando como la presentas, puedes ir ajustando tu audiencia, cambiando los objetivos, descubriendo nuevos aspectos de ti que no eran tan visibles, es decir, mejorando, alineando y fortaleciendo.

La propuesta de valor va de la mano con la creación de contenido relevante. Comparte contenido que demuestre tu experiencia y conocimientos en tu campo. Esto puede ser a través de blogs, publicaciones en redes sociales, videos, podcasts, entre otras opciones. Lo más importante al trabajar tu marca es posicionarte como una autoridad en el ramo en el que te desempeñes. Debes demostrar credibilidad a través de tu historia personal, de tus obras, de tus resultados, pero también crear un contenido que sirva a tu comunidad, que aporte, que transforme, que enseñe, que edifique y permita el avance de las personas. La marca personal no se trata de ti, si no de lo que aportas con ella a los demás.

Algo fundamental es construir relaciones, conectar con otras personas en tu campo o industria, tanto en línea como fuera de línea. Participar en eventos, conferencias, grupos de networking, etc. Una marca se consolida a través de una comunidad con los mismos intereses, así que te invito a que tus relaciones con tu entorno sean honestas, proactivas y verdaderas. Las relaciones te dan perspectiva, solidez y posicionamiento.

Por supuesto la autenticidad, la singularidad harán que tu marca personal refleje quién eres en realidad. Estas son clave para conectar con tu grupo objetivo y forjar relaciones duraderas con tu audiencia.

Recuerda que tu marca personal es algo que evoluciona con el tiempo, así que no tengas miedo de ajustarla según vayas creciendo y cambiando en tu carrera profesional o tu vida cotidiana. Lo importante es que comiences ya, porque de esta forma estarás dando los pasos necesarios para incorporar tu marca en tu Musa creativa y aplicar tu plan de acción de forma eficaz y a partir de ella.

"Branding" y desarrollo de marca

Al hablar de desarrollar tu marca personal, el *branding* es un concepto que no podemos dejar de lado. Y es que se trata del proceso de crear una marca distintiva y memorable para un producto, servicio, empresa o persona. Es decir, implica el desarrollo y la gestión de elementos como el nombre, el logotipo, el eslogan, el diseño, los colores, la tipografía y otros aspectos visuales y verbales que ayudan a diferenciar y posicionar esa marca en la mente del público objetivo. En otras palabras, con el branding materializas tu marca y la conviertes en algo que otros pueden identificar fácilmente.

El objetivo del branding es crear una conexión emocional con la audiencia, generar confianza, lealtad y preferencia hacia la marca, y establecer una identidad única que la distinga de la competencia. Esto se logra mediante una estrategia coherente y consistente en todos los puntos de contacto con el cliente, incluyendo productos, publicidad, comunicaciones, experiencia del cliente, entre otros. Así, el *branding* es el proceso de construcción y gestión de la identidad y la imagen de una marca, con el fin de influir en las percepciones y comportamientos de los consumidores.

Para que te hagas una idea más clara de la importancia del branding cuando estés comenzando a crear tu marca, aquí tienes algunos ejemplos de casos exitosos en diferentes industrias:

Apple: es un excelente ejemplo de branding. La marca se asocia con la innovación, el diseño elegante y la simplicidad. Desde su logotipo icónico hasta sus campañas publicitarias y la experiencia del usuario con sus productos, ha creado una identidad de marca coherente y distintiva que resuena con sus consumidores.

Nike: es conocida por su eslogan *"Just Do It"* y su logotipo reconocible al instante, el *"swoosh"*. La marca se asocia con el rendimiento atlético, la inspiración y el empoderamiento. A través de su marketing emocional y su presencia constante en el mundo del deporte, ha construido una fuerte conexión emocional con su audiencia.

Coca-Cola: es una de las marcas más reconocidas a nivel mundial. Su logotipo, su eslogan "Destapa la felicidad" y sus campañas publicitarias memorables han contribuido a su posición como una marca que evoca emociones positivas y momentos de felicidad compartidos.

Starbucks: ha creado una experiencia de marca única

alrededor del café premium y los espacios acogedores para socializar. Desde su logotipo hasta sus nombres de bebidas y la decoración de sus tiendas, la marca ha construido una identidad distintiva y reconocible que atrae a una amplia base de consumidores.

Red Bull: se ha posicionado como una marca que representa la energía, la aventura y la emoción. A través de patrocinios de eventos deportivos extremos y actividades de marketing audaces, ha creado una imagen de vitalidad y estilo de vida activo.

Estos ejemplos muestran cómo el branding efectivo puede ayudar a construir una conexión emocional con la audiencia y establecer una marca como líder en su industria. Por eso, cuando vayas a crear tu marca personal o corporativa, considera el branding en el desarrollo de un plan de acción para lograrlo.

Uno de los autores de neuroventas más populares de los últimos tiempos dijo: "Muéstrale al cerebro que es lo que quiere, en vez de lo que la persona pide, vender sin vender, es la nueva forma de vender".

Tu gran obra creativa:

Qué es la creatividad

Llegó el momento final, el de hacer tu gran obra creativa, la cual no solo estará en línea con tus objetivos, sino que también perdurará en el tiempo. Y es que la creatividad está asociada, como vimos en capítulos anteriores, con logros, sueños y el cumplimiento de nuestras metas. Pero, sobre todo, con la coherencia entre lo que queremos hacer, asociado con nuestro propósito poderoso.

La creatividad es como una chispa que enciende nuestra

imaginación y nos impulsa a crear cosas bellas e innovadoras. Piensa en ella como una fuente de inspiración que fluye dentro de ti, alimentada por tus experiencias, emociones y percepciones del mundo que te rodea.

Imagina tu mente como un jardín, donde las semillas de la creatividad están esperando a ser sembradas. Estas semillas son ideas, emociones, observaciones o cualquier otra cosa que te llame la atención. Cuando cultivas tu jardín mental con curiosidad, exploración y apertura, estas semillas germinan y crecen en formas sorprendentes.

Y no se trata solo de ser artístico o inventar cosas nuevas, también se manifiesta en la resolución de problemas, la toma de decisiones y la adaptación a nuevas situaciones. Es una habilidad que todos poseemos y que podemos desarrollar con práctica y dedicación.

Es una fuerza poderosa que reside dentro de ti, esperando ser liberada.

Espero que a estas alturas tengas claridad, un estado mental adecuado, una lista de tus excusas, la observación de tus bloqueos y limitaciones, y que además hayas descubierto los patrones que te dominan, los perdones que necesitas trabajar, los miedos que debes desafiar, y las ayudas que requieres para avanzar.

Ahora, con todo este resultado que lograste en el proceso, en este capítulo final quiero motivarte a comenzar tu obra creativa.

¿Estás preparado?

Beneficios del ser creativo

La creatividad es mucho más que una habilidad artística o un talento innato; es una fuerza transformadora que puede impactar profundamente todos los aspectos de nuestra vida. En primer lugar, la creatividad despierta nuestra capacidad de innovar, permitiéndonos encontrar soluciones originales a problemas cotidianos y desafíos complejos.

Además, la creatividad fomenta la autoexpresión y la autoafirmación, y nos proporciona un medio para explorar nuestra identidad y compartir nuestra visión única del mundo con los demás. Y, por último, la creatividad también nutre nuestra capacidad de adaptación y flexibilidad, permitiéndonos encontrar oportunidades en medio del cambio y la incertidumbre.

A partir de todo lo aprendido en el libro, ¡vamos a crear nuestra obra! Y te comparto algunas de las razones para ello:

1. La creación artística facilita expresar tus pensamientos, emociones y visiones de una manera única. Es una forma de comunicar quién eres y cómo percibes el mundo. Así que fomenta la expresión de tu ser interno. Y eso es lo que el mundo necesita: más seres conectados consigo mismos, fluyendo, construyendo y creando desde adentro.

2. Tus obras creativas pueden inspirar a otros y fomentar la conexión emocional y cultural entre las personas. Se despiertan así nuevas ideas, perspectivas y sentimientos, creando un puente entre distintas experiencias y realidades. Te brinda inspiración y conexión a ti y a otros.

3. Hay grandes obras creativas que tienen el poder de influir en la cultura y la sociedad. Provocan cambios, desafían normas establecidas, y abren debates sobre temas importantes. Además, contribuyen a enriquecer el patrimonio cultural de la humanidad, en síntesis, pueden generar un impacto cultural.

4. Sin duda, hay algunas que tienen acción terapéutica tanto para el creador como para el espectador. La experiencia de interactuar con una obra creativa maravillosa tiene un cariz terapéutico, causa bienestar emocional, proporciona un espacio para la reflexión, una catarsis emocional y, por consiguiente,

sanación.

5. A través de crear algo puedes dejar un legado perdurable. Una gran obra creativa perdura a lo largo del tiempo, trascendiendo generaciones y dejando un legado significativo para la posteridad. Sigue inspirando y resonando con las personas mucho después de la muerte del creador.

6. Inventar, crear, generar acciones a partir de nuestros saberes y prácticas nutre el alma, conecta a las personas, estimula la imaginación, desafía las ideas preconcebidas y contribuye al enriquecimiento cultural y emocional de una sociedad. Crear entrena la imaginación.

Si todas estas razones aún no te han convencido de comenzar tu obra creativa, creo que entonces debes volver a leer todo este libro para eliminar cualquier creencia o excusa que te esté impidiendo avanzar. Y es que, para este punto, necesitas dejar fluir tu creatividad con espontaneidad y entusiasmo.

Impacto de una obra creativa sobre la sociedad

La creatividad es un motor de cambio que impulsa la evolución de la sociedad en todas sus dimensiones. Desde las artes hasta la ciencia, la tecnología y la innovación social, las obras creativas tienen el poder de impactar profundamente en la manera como pensamos, sentimos y nos relacionamos unos con otros. En la esfera cultural, las obras creativas, ya sean pictóricas, de música, de literatura, de cine, de danza o de teatro, actúan como espejos que reflejan la diversidad de experiencias humanas y perspectivas. Estas obras tienen el poder de provocar emociones, despertar conciencias y promover el diálogo sobre temas importantes, por lo que el impacto que se genera en la sociedad es completamente indudable.

Ahora, creo fehacientemente que una buena parte de las creaciones de hoy (musicales, pictóricas, teatrales, digitales etc.) son el reflejo de la conciencia colectiva de la sociedad actual. Sin entrar en juicios u opiniones, tenemos el claro ejemplo de lo que sucede con la juventud de los inicios del siglo XXI, las canciones que oye, el mensaje que entiende y compra, el lenguaje que utiliza, la música que consume.

La creatividad tiene el poder de inspirar el cambio social al desafiar las normas establecidas y promover una visión más amplia del mundo. Un buen ejemplo sería la música "revolucionaria" de los Beatles en los años 60´s. Fueron considerados los íconos más grandes del siglo XX y desafiaron todos los estereotipos y paradigmas de la época, abordando problemas sociales, religiosos, culturales etc.

Como ya lo he dicho, todo lo que creamos a partir de la autenticidad y la honestidad de lo que somos, es lo que tiene la capacidad de expandirse. Sin embargo, para que una obra creativa tenga el poder de generar impacto, podríamos hoy en día, hacer el ejercicio de considerar algunas de las siguientes estrategias:

Identificar un problema social: una necesidad o un

problema en la sociedad que puedas resolver, abordar, solucionar, o darle un cambio de perspectiva a través de tus talentos o ideas.

Generar conciencia sobre un tema: en el que tengas experiencia, que te apasione, que te interese y sobre el cual puedas construir una visión distinta para generar debate y soluciones. Actualmente, como nunca antes, tenemos la difusión masiva a nuestro alcance, a través de las redes sociales y el internet, por medio colaboraciones con organizaciones sin fines de lucro o la creación de contenido educativo. Puedes ofrecer tus servicios, participar en eventos o donar parte de tus ganancias a estas organizaciones.

Crear obras con un mensaje social: utiliza tus obras creativas para transmitir un mensaje social importante. Así, inspiras a otras personas a través de tu arte, literatura, música u otras formas de expresión creativa.

Impulsar el cambio desde tu comunidad: organiza eventos o actividades en tu comunidad que promuevan la conciencia social y fomenten la colaboración para abordar los problemas locales.

Compartir, educar y empoderar a otros: comparte tus conocimientos y habilidades con otras personas para capacitarlas a que también puedan contribuir al cambio social.

Para mi la gran conclusión de generar una obra creativa que impacte a una sociedad, debe comenzar por un cambio interno, real y honesto, el cultivo de habilidades basadas en la generosidad y la conciencia de grupo, es decir, de un deseo real por el bien común.

Recuerda que el impacto social puede ser tanto a nivel local como global, y cada acción, por pequeña que parezca, tiene la capacidad de marcar la diferencia.

Sin compartir nombres reales, por respeto a su privacidad, voy a ponerte varios ejemplos sencillos, de alumnos de la Musa, que han influido poderosamente el entorno que les rodea, a través de sus emprendimientos y talentos, a lo largo de estos años. Manuel, director de programación de un canal internacional en Miami, que durante el taller desarrolló un espacio interactivo con los niños, para promover la integración de culturas, idiomas y saberes, liderado y conducido por los propios jóvenes. Este programa hasta el día de hoy, es uno de los pioneros de la TV juvenil, habiendo roto todos los moldes existentes hasta ese momento.

Ana, quien a través de su libro, gestado y diseñado con las herramientas del taller, le enseña a mujeres amas de casa, a tener una total autonomía y libertad financiera, desde la tranquilidad de su hogar. O Carlos, un joven desempleado, desmotivado y sin una carrera profesional, que encontró a través de los ejercicios de la Musa, y a través de sus compañeros de taller, que su vocación era combinar sus dotes de mago con su capacidad de oratoria. Hoy en día, ha cambiado miles de vidas a través de su proyecto de "speaker" mezclado con la magia.

Compositores imparables, artistas que siguen produciendo éxitos, empresas que comienzan de cero a partir de la pasión ardiente y no de la obligatoriedad, proyectos que reflejan el trabajo interno y el compromiso social, y así, te podría nombrar decenas de casos de personas que han pasado por la Musa y hoy fluyen con la vida, con sus habilidades y emociones, desde un estado amoroso y una mente en paz, creando cosas que hacen mejor este mundo.

Ha sido un placer acompañarte hasta aquí, y estoy ansiosa por saber qué cosas maravillosas comenzarás a crear a partir de esta página...

EJERCICIO # 1 INICIANDO MI RELACIÓN CON LA CREATIVIDAD

1) Toma un momento para reflexionar sobre los problemas sociales que te preocupan o te interesan. Haz una lista de al menos tres problemas que creas que podrían abordarse de manera creativa a través de tus habilidades.

2)   Dedica 10 minutos a dibujar, crear una pieza de arte, o escribir unas frases que representen un mensaje social importante para ti. Elige entre justicia racial, preservación del medioambiente o cualquier otro tema que te apasione. Después, reflexiona sobre el impacto que esta obra tendría en la conciencia de las personas si fuera compartida en tus redes sociales o exhibida en tu comunidad.

Estos pequeños ejercicios te ayudarán a percibir el valor de tus creaciones y a comenzar a ser parte del cambio que quieres ver en tu comunidad.

CAPÍTULO 5 - CREAR DESDE EL SER

Tu plan de acción

Quiero contarte algo. Cuando surgieron los talleres de la Musa, en el año 2004, mis estudiantes querían saber cómo inspirarse, como mantener esa llama encendida, como abordar sus proyectos con método. Pero lo más desafiante y difícil para ellos, era pasar a la acción. Y yo era una "hacedora" por herencia, naturaleza y vocación. Así que mi foco fundamentalmente era incentivarlos para que después de crear sus obras, libros, canciones, proyectos, emprendimientos, planes corporativos, o lo que fuera, pasaran a la acción, con potencia y decisión.

¿Pero ¡por qué diablos! retrasar el proceso con tantos pasos y exigencias?, ¿Con tantos planteamientos, a veces dolorosos, como el de escudriñar sobre nuestros resentimientos, temores y culpas? preguntaría cualquiera.

¿Qué tiene que ver con el éxito y la expansión de una obra? si se podría simplemente, soñar un proyecto creativo, fijarse una meta, establecer un plan de acción y medir los resultados.

Le respondo a los inquietos. La vida misma es un proceso creativo, en todos los sentidos. Y transitamos por ella, presos de nuestras cárceles mentales, creando desde el miedo, la ansiedad, la rabia y el esfuerzo o fluimos libres, cultivando nuestra Musa interna, honrando nuestro propósito y haciendo de este mundo, un lugar diferente y mejor.

Está intrínseco en cada capítulo, en cada frase (o al menos esa es la intención), que precisamente ese trabajo interno previo, esa conexión con lo sagrado dentro de nosotros, ese desarrollo de los talentos y las habilidades, liberados de leyes personales y dogmas, forja las más grandes maravillas que existen en el mundo. Es decir, crear desde la conciencia despierta, desde la profundidad de nuestro Ser, sin la niebla de las excusas, creencias, miedos, equipajes y paradigmas.

Mientras estemos creando de esa manera cualquier cosa que imaginemos, cultivando nuestra Musa, honrando lo que somos, en esa misma medida, estaremos transformándonos en la mejor versión que podemos ser. Y eso precisamente es lo que este universo necesita con urgencia...menos autómatas, menos información, menos aturdidos, menos frustrados, menos deprimidos, menos ansiosos, menos soñadores desencantados y más humanos despiertos.

En los primeros cuatro capítulos de este libro nos enfocamos en el autoconocimiento, la limpieza de nuestra mente y la eliminación de obstáculos (como las excusas o la falta de perdón). Ahora viene la metodología. Aunque anteriormente mencioné sobre la importancia de tomar acción y realizar un plan para lograrlo, en este capítulo quiero enfocarme solo en eso...el plan. Los "soñadores despiertos" también necesitamos una metodología, clara, concreta y un paso a paso.

Para la creación de nuestro plan de acción, ya habremos aprendido y desarrollado puntos clave, como la claridad de nuestros objetivos, nuestros "para qué y por qué", nuestro propósito poderoso, etc. Todas estas cosas las debes tener en mente, y ahora en este capítulo nos sumergiremos en el proceso de transformar nuestras ideas en obras, utilizando estrategias prácticas y efectivas para llevar a cabo nuestros proyectos creativos. Exploraremos cómo diseñar un plan de acción realista y alcanzable, cómo superar la procrastinación y la duda, y cómo mantenernos motivados a lo largo del camino de nuestro desarrollo creativo y el despertar de nuestra Musa. Así que, es hora de dejar de posponer nuestras aspiraciones y comenzar a tomar medidas tangibles para hacer verdad nuestros sueños creativos. ¿Estás listo?

Inicialmente vamos a considerar lo que yo llamo "objetivo del proyecto". Lo mejor de todo es que ésto que te voy a enseñar también aplica para cualquier cosa, creativa o no, que queramos emprender.

Define tu objetivo

Los objetivos son los hitos que delinean el camino hacia el éxito, marcando el rumbo que debemos seguir para materializar nuestras ideas. En líneas generales, podemos decir que el objetivo de todo proyecto creativo es forjar un producto/idea/servicio innovador que resuelva un dolor específico (un problema) o satisfaga una necesidad del mercado objetivo. Y para conseguirlo estas recomendaciones y pasos:

Paso 1: Investiga y define el dolor (o problema)

- Define cual será tu comunidad o nicho.
- Analiza las tendencias de esa comunidad.
- Identifica sus dolores, o necesidades no satisfechas.
- Estudia a quienes hacen lo que tu quieres hacer (referentes). En mi caso era Manzanero, el compositor.
- Define como vas a abordar la solución.
- Comprende las causas subyacentes del problema o dolor.

Para este paso No. 1 te recomiendo un libro estupendo, de una de mis autoras corporativas favoritas en el mundo, Debbie Ford: "Hágase estas preguntas, antes de tomar una decisión".

Paso 2: Genera una lluvia de Ideas

- Reúne a tu familia, a tu equipo, pregunta a los amigos, a tu entorno cercano, sobre lo que quieres. emprender. Que opinan, como lo harían etc.
- Pídeles que generen ideas sin restricciones ni juicios.
- Usa mapas mentales (me gustan las plantillas de Canva y MindMaster y son gratis).
- Filtra las ideas (haz un inventario de las que te sirvan).
- Evalúa cada una, en función de criterios como viabilidad, originalidad, impacto, etc.
- Elige 2 de las mejores ideas y empieza por ellas.

En este paso No. 2, mi recomendación es un libro sencillo y fácil, de Pablo Pomar llamado: "Como hacer brainstorming y no morir en el intento", con 26 técnicas.

Paso 3: Imagina el concepto, la identidad.

- Crea pruebas, logos, prototipos de los conceptos elegidos, imagina que deben reflejar lo que tu eres.
- Obtén retroalimentación de tu comunidad, de los interesados, de tu público, pregúntales que opinan.
- Cuestiona los conceptos, dales la vuelta, pule, hazlo de formas diferentes.
- Estudia su viabilidad. No hay límite para nuestros sueños, pero busca su ejecución, aunque haya errores.
- Haz un análisis de viabilidad técnica, financiera y comercial. Y si no puedes solo, busca aliados.
- Ajusta el concepto según los resultados del análisis.
- Pregúntate: ¿como puedo conectar la identidad de mi concepto o mi idea, la marca de mi producto o servicio, con la filosofía o el objetivo de alguna

empresa afín?

Hay muchos libros con los que puedes profundizar este paso No. 3 y apoyar el desarrollo de tu "identidad", pero te recomendaría uno de ellos muy poderoso, que te enseña como construir una historia única para volver irresistibles tus proyectos: "La Identidad de Marca"de Gregory V. Diehl

Paso 4: ¡Pruébalo! Solo hazlo

- Desarrolla tu idea/producto/servicio
- Diseña tu producto final, canción, empresa etc.
- Haz las pruebas y verifica si funciona y sirve. En el caso, por ejemplo de mis composiciones, generalmente se las doy a mi editora para que las muestre a las disqueras y sus artistas. Y no suelo aceptar un NO como respuesta. Busco las maneras de pulirlas hasta que pueda ponerlas a sonar con otros artistas. No es fácil y no todo lo que desarrollo funciona. Pero a medida que pulo el oficio, más destrezas aprendo.
- Plantéate como lo vas a comercializar y vender. En todo sector, hay estrategias de comercialización y venta. Investiga las tuyas.
- Diseña una estrategia novedosa y disruptiva de lanzamiento. En esta época de tanta información y contenidos, entre más transgresora sea tu estrategia, más visibilidad tiene.
- Identifica los canales de distribución ideales. Todo producto o servicio, los tiene.
- Desarrolla piezas de mercadeo, redes y comunicación. En el caso de los artistas, las piezas de mercadeo, son sus propios discos, canciones, mercancía relacionada con sus obras, videos, afiches, etc etc.
- Si aplica, capacita a tus colaboradores en implementarlo. Por ejemplo, a quienes van a manejar tus redes sociales, a tu equipo de trabajo, al personal

que vaya a apoyar tu empresa o servicio.

- Prepara los recursos necesarios para su lanzamiento: lanzar una obra, producto o servicio, no es cuestión de un día. En lo posible, haz que tu obra creativa tenga un largo y alto vuelo.

En este paso No. 4 te recomiendo al mejor, Tonny Robins y uno de sus libros: "Controle su destino; despertando al gigante que lleva dentro". Encontrarás inspiración para lanzarte al ruedo.

Paso 5: Lánzalo y haz el seguimiento

- Sácalo al aire, lánzalo a tu nicho o comunidad, pase lo que pase. Uno de los entrenadores de nuestra escuela en línea de la Musa, plantea que únicamente con el AMI (Acción Masiva Imperfecta), podremos saber de qué somos capaces. ¡No te preocupes por equivocarte, preocúpate por no empezar! y después de ello, obviamente, haz un seguimiento minucioso y objetivo de tus resultados. Te comparto mi caso personal, porque este libro está fundamentado sobre los errores que he cometido emprendiendo. El año pasado decidí con una socia comercial, lanzar una línea de pañoletas con diseños relacionados con los mensajes de las canciones, con la identidad étnica de mi marca, etc. Antes de sacarlas a la venta y ya con todo el lanzamiento planeado, una de las operarias y artesanas que nos tejía las piezas, enfermó y se retiró. Sin ella ni su sensibilidad y talento, que complementaba nuestras creaciones, no tenía sentido lanzarlas. Así que decidimos no sacar esa línea al aire, hasta tanto no sea un producto sostenible en el tiempo.
- Revisa la respuesta o el rendimiento inicial. Es de vital importancia que seas lo más objetivo posible. En este punto puedes transformar, refaccionar, replantear lo que necesites corregir.
- Evalúa continuamente tus resultados. Una obra sin revisión constante, sin la medición de sus resultados,

sin actualizarse, no perdura.

- Recoge comentarios de tu comunidad o público, o clientes.
- Haz los ajustes según sea necesario. Revisa, dale la vuelta de nuevo, corrige.
- Evalúa tu éxito y siempre permanece abierto al cambio.

Me da gran pesar e impotencia por ejemplo, que en mi barrio en Coral Gables, abren y cierran un restaurante cada mes. Inversiones millonarias se van literalmente al traste, por un lanzamiento apresurado, la ausencia de un estudio de mercado y la falta de un plan con proyección.

Evaluar nuestro éxito requiere valentía y cabeza fría. Aquí recuerdo la famosa frase de Einstein tan adecuada para emprender: "No pretendas resultados diferentes, si sigues haciendo lo mismo".

Así que el seguimiento es clave para cualquier acción que querramos repetir, obra que deseemos mejorar o fidelización que pretendamos obtener.

Para este punto No. 5 hay un libro increíble que apoyará tu proceso de evaluar y cambiar, del Harvard Business Review: "Como Evaluar Resultados" Te ayudará a medir los rendimientos, debatir los temas difíciles y ofrecer una retroalimentación constructiva.

Paso 6: Escalado y Expansión

- Identificar oportunidades para hacer escalar tu idea.
- Busca la expansión, el crecimiento hacia nuevos públicos, mercados, y el desarrollo de otros derivados o sub-productos.
- Busca aliados comerciales, culturales, corporativos, asociados con tu propósito o tu marca.
- Establece   metas   financieras   para   cada

emprendimiento o idea. En lo posible, haz que sea sostenible en el tiempo.

- Aunque las sociedades con otros, requieren confianza, claridad y planeación, buscar socios para crear, idear, emprender...funciona.

Una vez hayas obtenido la claridad necesaria, la inspiración deseada, el desapego del pasado y la limpieza consciente, todos los objetivos de cualquier proyecto, especialmente los proyectos creativos, realizan estas fases que te acabo de mencionar. Si has trabajado con el paso a paso de este libro, ya sabes cuales son tus recursos, las habilidades que necesitas incorporar, las creencias que debes trascender, las personas que necesitas dejar ir, los perdones pendientes, las relaciones funcionales para cultivar, la nueva historia que te debes contar, el amor propio que debe surgir y la marca personal diferente e inspiradora que requieres.

¡Ahora solo queda pasar a la acción! Y dejar tu huella en el mundo.

Inteligencia Artificial IA como aliado

Hoy en día, la Inteligencia Artificial (IA) ofrece una variedad de herramientas y aplicaciones que pueden ayudarte a potenciar tus ideas o talentos de varias maneras, permitiendo así que desarrolles y apliques con éxito tu plan de acción. Tanto es así que, usándola de la forma correcta, la IA puede ahorrarte tiempo, recursos y esfuerzos, permitiéndote alcanzar los objetivos de tu plan de acción de forma más rápida y eficiente.

Aunque muchos de los empleos del futuro, de las actividades del mundo, serán reemplazadas por la AI, no debemos temerle, por el contrario, encontrar la forma de que sea nuestra aliada, usar los recursos disponibles, aumentar nuestro conocimiento sobre los temas que nos atañen y entender que el planeta está cambiando y avanzando inevitablemente hacia la modernidad digital. Pero, la creatividad humana, sumada a la sensibilidad, el ingenio, la impronta del espíritu, difícilmente serán reemplazados.

La IA ha empezado a formar parte en el día a día de todos, y se espera que en los futuros años crezca más y nos ayude con aún más tareas. Por eso, como artista y persona creativa debes saber cómo aprovechar las nuevas tecnologías en tu beneficio.

La IA puede ayudarte a analizar grandes cantidades de datos para identificar patrones, tendencias y oportunidades. Por ejemplo, si tienes una idea de negocio y quieres comenzar tu plan de acción, la IA te facilita la labor de analizar datos de mercado para entender mejor a tu audiencia, identificar competidores y tomar decisiones estratégicas informadas.

Puede darte ideas y datos sobre tu área de interés, puedes utilizarla para generar o buscar inspiración. Por ejemplo, es posible usar modelos de lenguaje generativo para crear nuevos conceptos, diseños o contenido creativo.

Puede automatizar los procesos repetitivos, tareas rutinarias o tediosas, liberándote tiempo para enfocarte en tareas más creativas o estratégicas. Por ejemplo, es factible utilizar la automatización de procesos robóticos (RPA) para realizar tareas administrativas, como procesar correos electrónicos o recopilar datos.

La IA puede facilitar la personalización de tus productos o servicios para adaptarse mejor a las necesidades y preferencias individuales de tus clientes o usuarios. Por ejemplo, tienes la opción de utilizar sistemas de recomendación basados en IA para ofrecer contenido personalizado o recomendaciones de productos. En el caso de los artistas, te ofrece estrategias para fidelizar tu música, tus servicios, tu nicho de mercado. En otras áreas, ella utiliza algoritmos para optimizar tus procesos (Instagram, Facebook, etc) y por ende si mejoras el rendimiento de un producto o la visibilidad en nuestro caso, mejoras el alcance, la eficiencia operativa o reduces costos.

¡Te ayuda a predecir resultados! o identificar posibles problemas antes de que ocurran. Por ejemplo, al utilizar modelos de aprendizaje automático para predecir la demanda de tus productos, anticipas problemas de producción o identificas riesgos financieros.

Puede conectarte para y trabajar con otros profesionales en tu campo. Utiliza plataformas de colaboración que usan IA para facilitar la comunicación, la gestión de proyectos y el intercambio de ideas.

Puede ser una herramienta poderosa para potenciar tus ideas o talentos y facilitarte la puesta en práctica de tu plan de acción, al ayudarte a analizar datos, generar ideas, automatizar tareas, personalizar productos o servicios, optimizar procesos, predecir resultados y colaborar con otros profesionales.

Realmente depende de la calidad o cantidad de tu gestión. Pero evidentemente puede apoyarte para alcanzar tus objetivos y desarrollar tu potencial.

Aplicaciones de AI que te pueden ayudar

Ahora que sabes la increíble utilidad que puede tener el uso de la Inteligencia Artificial para la puesta en práctica de tu plan de acción, seguramente te estarás preguntando sobre cuáles herramientas de IA existen y puedes emplear a tu favor. Y quiero terminar este capítulo dejándote una lista de las herramientas IA a aprovechar para poner en práctica tu plan de acción y potenciar tu creatividad. A través de estas herramientas podrás optimizar tu proceso creativo y alcanzar tus objetivos de manera más efectiva y eficiente:

• **Generación de texto creativo:** herramientas como ChatGPT y sus múltiples versiones que ayudan a generar texto creativo, como historias, poemas o ideas para proyectos artísticos. Se alimentan estos modelos con una breve descripción de tu idea o tema, y te proporcionarán sugerencias creativas.

• **Diseño asistido por IA:** hay herramientas que utilizan IA para ayudarte en el diseño gráfico, de productos, de interiores y más. Estas herramientas proporcionan sugerencias de diseño, generan variaciones de tus ideas y te ayudan a visualizar cómo se verían tus diseños.

• **Edición de imágenes y video:** existen aplicaciones de edición de imágenes y video que utilizan IA para funciones como mejorar la calidad de las imágenes, eliminar objetos no deseados, aplicar efectos especiales, entre otras. Estas herramientas ayudan a dar vida a tus ideas visuales de manera más rápida y eficiente.

• **Música generativa:** algunas herramientas utilizan IA para generar música de manera automática. Es posible alimentar a estos sistemas con parámetros específicos, como género musical, estado de ánimo o instrumentación, y te proporcionarán composiciones musicales originales.

- **Dibujo y arte generativo:** hay aplicaciones que utilizan IA para ayudarte a crear arte digital. Están en capacidad de proporcionarte sugerencias de trazos, colores y composiciones, o incluso colaborar contigo en la creación de obras de arte.

- **Creatividad en la escritura:** además de la generación de texto, algunas herramientas de IA apoyan el proceso de mejorar tu escritura, ofreciendo sugerencias de estilo, corrección gramatical, entre otras. Esto puede ser útil tanto para escritores profesionales como para aquellos que simplemente buscan mejorar sus habilidades de escritura creativa.

- **"Brainstorming" y generación de ideas:** algunas herramientas utilizan IA para ayudarte en el proceso de *brainstorming,* generando ideas relacionadas con un tema específico o ayudándote a organizar tus pensamientos de manera creativa.

Estas son solo algunas de las muchas aplicaciones de Inteligencia Artificial que pueden colaborar con tus emprendimientos. A medida que la tecnología avanza, es probable que surjan nuevas herramientas y aplicaciones que brinden aún más oportunidades para expresar tu creatividad con la ayuda de la IA.

EJERCICIO # 1. DEFINIR OBJETIVOS

Con todo lo que hemos visto hasta ahora, ya tienes el conocimiento necesario para comenzar a definir tus objetivos, crear tu plan de acción y empezar a desarrollar tu marca personal. Así que, para ayudarte a dar estos pasos, te dejo los siguientes ejercicios para el desarrollo de tu plan:

1)   ¿Cuáles son los principales objetivos creativos que deseas alcanzar? Escribe una lista con cada uno y a la vez identificas el propósito detrás de ellos.

Objetivos creativos	Propósito

2) Establece los recursos que tienes y que necesitas, las personas a quienes llamarás, los libros que te servirán y los plazos realistas para cada paso de tu plan de acción.

5 recursos que tengo y 5 recursos que necesito	Plazo

3)   ¿Qué valores y cualidades te gustaría que te identificaran en tu marca personal? ¿Qué mensaje quieres transmitir con ella?

Valores y cualidades	Mensaje a transmitir

4) Identifica al menos tres acciones concretas que puedes realizar, para desarrollar tu marca personal en los próximos meses. *Ej. Buscar colores, logos, diseños, tipos de letra, vestuario.*

5) ¿Cómo puedes diferenciarte de otros en tu campo a través de tu marca? *Ej. A través de mi discurso, mi ropa, etc.*

6) Crea un eslogan o mensaje que encapsule la esencia de tu marca personal. *Ej. L´Oreal "porque tú lo vales".*

7)   ¿Qué obstáculos anticipas en la ejecución de tu plan de acción? ¿Cómo planeas superar estos obstáculos?

8)   Reflexiona sobre tu progreso y ajusta tu plan de acción según sea necesario a lo largo del tiempo.

El desarrollo de habilidades

Mejorar nuestras habilidades requiere un enfoque consciente y consistente. Aquí tenemos algunos pasos para desarrollar y perfeccionar habilidades:

¿En que quieres mejorar? Siempre me he preguntado que pasaría, en mi caso, si hubiera estudiado armonía, producción musical, o ingeniería de sonido. Y evidentemente, estaría potenciando mi quehacer musical un 50% o 100%. Reflexiona sobre tus puntos fuertes y áreas de desarrollo. Identificar las habilidades que deseas mejorar te ayudará a enfocar tus esfuerzos de manera más efectiva. Necesitamos revisar permanentemente nuestras habilidades. El mundo actual es de quienes "sub-especializan" su conocimiento y sus prácticas. Es decir, se vuelven expertos entre los expertos.

¿Qué quieres lograr y que necesitas para ello? Podemos incluso definir metas específicas en tiempos cortos, para no sabotearnos con la falta de tiempo, con el aplazamiento, pero sobre todo ser realistas para desarrollar nuevas habilidades. Siempre doy el ejemplo de mi prima cuya meta siempre ha sido tocar el piano, a un nivel profesional. Nunca ha tenido oído, su afinación es deficiente y además siempre está ocupada trabajando, así que, con excepción de un milagro o de su verdadero compromiso para ello, nunca será una pianista profesional. Establecer objetivos claros te brinda un sentido de dirección y te motiva a seguir adelante. Mi respuesta a esta pregunta inicial es: voluntad y disciplina.

La práctica y la repetición hacen al maestro: la práctica es fundamental para mejorar cualquier habilidad. La repetición crea destreza, así que dedica tiempo regularmente a practicar y desarrollar tus habilidades. Cuanto más practiques, más mejorará tu rendimiento. Mi maestro y productor mexicano decía que la repetición, aunque el talento sea de nivel medio, se puede volver genialidad.

Pide opiniones constructivas no críticas: busca retroalimentación constructiva de mentores, colegas o personas con experiencia en el área en la que estás trabajando. La retroalimentación te proporciona información valiosa sobre tus fortalezas y áreas de mejora, lo que te permite ajustar y mejorar tu desempeño. ¡Ah! Y toma distancia de los quejumbrosos o de quienes no te apoyan. La vida es demasiado breve como para rodearnos de gente que no le sume a nuestro cotidiano vivir.

Actitud de Aprendiz: ¡por siempre y para siempre! De mi lado, me considero excelente aprendiz, de todo y de todos los que me inspiran. Eso me ha llevado a conocimientos increíbles que aplico día a día. Aprende de personas expertas en las habilidades que deseas mejorar. Observa cómo abordan las tareas y qué técnicas utilizan. Busca también recursos educativos, como libros, cursos en línea o tutoriales, para ampliar tus conocimientos y habilidades. Es maravilloso aprender y crecer… la inquietud pertenece a los humanos que avanzan.

No te quedes en tu zona cómoda: Por más difícil que parezca, moverte, cambiar, aprender, desafíate a ti mismo a tomar riesgos y enfrentarte a nuevas situaciones que te faciliten aplicar y desarrollar tus habilidades en contextos diferentes. Salir de tu zona de confort te ayuda a expandir tus habilidades y a ganar confianza en ti mismo.

La persistencia rompe el cántaro: Todo lo que merece la pena en la vida, toma tiempo. Mejorar tus habilidades lleva tiempo y esfuerzo. Sé paciente contigo mismo y mantén la motivación incluso cuando enfrentes obstáculos o contratiempos en el camino.
Recuerda que el desarrollo de habilidades es un proceso

continuo y a veces esforzado. Con dedicación y práctica constante, puedes mejorar y alcanzar tus objetivos de desarrollo personal y profesional.

Ponle un tiempo al desarrollo de tu habilidad: Un plazo específico. Determinar cuándo deseas mejorar tus habilidades es crucial para establecer un plan de acción efectivo y mantener tu enfoque en tus objetivos. establece una fecha límite clara para alcanzar tu objetivo de mejora de habilidades. Esto te proporcionará un sentido de urgencia y te ayudará a mantenerte enfocado en tus esfuerzos.

Sé objetivo con tus circunstancias actuales: evalúa tu situación actual y determina cuándo sería el momento más apropiado para comenzar a trabajar en mejorar tus habilidades. Ten en cuenta otros compromisos y responsabilidades que puedan afectar tu disponibilidad de tiempo y energía. ¡Y cuando tomes una decisión, hazlo! No lo aplaces.

Prioriza tus objetivos: si tienes múltiples habilidades que deseas mejorar, prioriza tus objetivos y establece un calendario realista para trabajar en cada uno de ellos. Esto te ayudará a evitar sentirte abrumado y a mantener un enfoque claro en tus metas.

Flexibilidad: sé flexible en tu enfoque y dispuesto a ajustar tus plazos según sea necesario. Es posible que encuentres obstáculos inesperados en el camino o que necesites más tiempo del que anticipaste. Lo importante es mantener un compromiso constante con tu desarrollo personal y ajustar tu plan según sea necesario.

Revisión periódica: programa momentos para revisar tu progreso y ajustar tus plazos según sea necesario. Esto te permitirá evaluar tu rendimiento, identificar áreas de mejora y realizar cambios en tu enfoque si es necesario.

Al establecer una fecha límite clara y realista para mejorar tus habilidades, estarás más motivado y comprometido para trabajar hacia tus objetivos con determinación y enfoque.

El para qué de tus habilidades

Entender para qué quieres mejorar tus habilidades es esencial para mantener la motivación y el enfoque en tus objetivos.

Te permitirán el avance profesional. Mejorar tus habilidades puede abrir nuevas oportunidades laborales y promocionales. Si aspiras a progresar en tu carrera o cambiar de trabajo, el desarrollo de habilidades relevantes es fundamental para alcanzar tus metas profesionales.

Podrás crecer y expandirte y además mejorar tu autoestima. No hay algo más poderoso que lograr algo que nos hemos propuesto. Al desafiarte a ti mismo y alcanzar nuevas metas, puedes experimentar un sentido de logro y satisfacción personal. El Curso de Milagros le llama "transferencia" y se resume más o menos así: si seguiste unos pasos para lograr algo y te funcionó, ahora replícalo y transfiere la experiencia a lo siguiente.

Te brinda mayor eficiencia y productividad: coopera con tus tareas para que sean más eficientes y productivas. Esto es especialmente útil si estás buscando optimizar tu tiempo y recursos en el trabajo o en otras áreas de tu vida.

Te da confianza, te vuelve más independiente y seguro de ti mismo. Esto te permite asumir nuevas responsabilidades y desafíos con certeza, tanto en el trabajo como en tu vida personal.

Sin duda, cultivar nuevas habilidades, mejora tus relaciones interpersonales: algunas de ellas como la comunicación efectiva y la inteligencia emocional, optimizan tus relaciones interpersonales y tu capacidad para colaborar con otros de manera efectiva. Esto es beneficioso tanto en entornos profesionales como personales.

Te ayuda a lograr metas específicas que tengas en mente. Por ejemplo, si deseas aprender un nuevo idioma para viajar o trabajar en el extranjero, mejorar tus habilidades lingüísticas es fundamental. Si quieres escribir canciones, tomar cursos de composición, o asistir a campamentos de compositores, sin duda, te harán diestro en ello.

Con tus nuevas habilidades, puedes contribuir a tu comunidad o a tu barrio; colaborar de manera positiva en tu grupo o con causas que te importan. Por ejemplo, liderar proyectos comunitarios o involucrarte en actividades de voluntariado de manera más efectiva.

Entender tus razones personales para querer mejorar tus habilidades te ayudará a mantenerte motivado y comprometido a medida que trabajas para alcanzar tus objetivos en el desarrollo de tu obra creativa.

EJERCICIO # 2 HABILIDADES

Aquí tienes algunos ejercicios prácticos para cada día, que puedes realizar en 3 áreas diferentes: Habilidades personales, profesionales y técnicas.

- **Para el desarrollo de las habilidades personales:**

Atención plena o MindFullness: dedica unos minutos cada día a practicar la atención plena, es decir estar en presente, fijar tu punto de atención en el ahora. Esta práctica mejora tu enfoque, reduce el estrés y aumenta tu bienestar emocional.

Agradece: Cada día, escribe 3 tres cosas por las que estés agradecido. Vuelve a la gratitud, cada vez que tu mente divague con pensamientos tóxicos o negativos. Esto te ayudará a enfocarte y a cultivar una actitud de agradecimiento en lugar de una quejumbrosa.

Sal de tu zona de confort: elige una actividad que te saque de tu zona de confort cada semana, ya sea hablar en público, aprender una nueva habilidad, hacer algo que temas, etc. Esto te ayudará a desarrollar la confianza en ti mismo y a crecer tu autoestima, si estás lidiando con ello. Como dice Bryan Tracy, haz primero lo más difícil.

- **Desarrollo de habilidades profesionales:**

Práctica de habilidades de comunicación: ejercita tus habilidades de comunicación, como hablar en público, escuchar activamente y expresarte de manera clara y concisa. Otras opciones: crea charlas sobre tu especialidad, participa en debates, crea grupos de lectura y discusión, practica con amigos o colegas, habla frente al espejo.

Aprendizaje continuo: dedica tiempo cada semana al aprendizaje continuo. Lee libros, toma cursos en línea, asiste a seminarios o conferencias, y mantente al día con las últimas tendencias y desarrollos en tu campo.

"Networking": dedica tiempo a expandir tu red profesional. Conéctate con colegas en tu industria, asiste a eventos de networking y participa en grupos o asociaciones relacionadas con tu campo. Esto te ayudará a construir relaciones profesionales sólidas y a abrir nuevas oportunidades laborales.

- **Desarrollo de habilidades específicas:**

Práctica de habilidades técnicas: si estás buscando mejorar habilidades técnicas específicas, como programación, diseño gráfico o análisis de datos, regularmente dedica tiempo a practicarlas. Hay disponibles recursos en línea, como tutoriales y ejercicios, para ayudarte en tu aprendizaje.

"Role-playing": si estás trabajando en habilidades relacionadas con el servicio al cliente, la resolución de conflictos o la negociación, practica role-playing con un amigo o colega. Simula situaciones reales y practica diferentes enfoques y estrategias para mejorar tus habilidades en situaciones prácticas.

"Feedback" y autoevaluación: después de cada ejercicio práctico, solicita retroalimentación por parte de otras personas o realiza una autoevaluación honesta. Identifica áreas de fortaleza y áreas de mejora, y establece objetivos específicos para seguir desarrollando tus habilidades.

Obviamente, la práctica constante y la dedicación son claves para mejorar tus habilidades en cualquier área. No tengas miedo de cometer errores o enfrentar desafíos: son oportunidades para aprender y crecer. Por otro lado, como ya mencionábamos en un capítulo anterior, no hay ningún talento o habilidad que no pueda pulirse y llevarse a la maestría, a través de la repetición.

Neurolingüística o PNL

Cuando estaba en la Universidad de la Sabana, junto con mis prácticas universitarias en Inravisión y RCN, dos empresas de comunicaciones en Colombia, trabajaba como docente en el Colegio El Retiro. Aunque desde los trece años ya tenía "experiencia" como profesora de mis vecinas de apartamento, de música y creatividad (todo aquello para ganarme unos pesos y salir a comer helados con mis hermanas los fines de semana), esa nueva práctica como docente debía tomármela en serio y como era un colegio con un método pedagógico concreto, me tocaba literalmente: aprender a enseñar. En mis investigaciones sobre el tema de la docencia, en el año 1994 conocí algo llamado Programación Neurolingüística. Leí algunos libros sobre sus fundamentos, hice pesquisas sobre sus autores Bandler y Grinder y me interesó el enfoque de la conexión entre el lenguaje, el comportamiento y los procesos neurológicos del ser humano. Aunque algunos lo consideran una pseudociencia, ha dado grandes resultados en personas que quieren desarrollar una práctica más productiva y creativa, cambiando sus hábitos, adquiriendo nuevas facultades, modificando los dogmas, convicciones o creencias que terminan controlándonos, sin que seamos conscientes de ello.

Aunque el lenguaje de la PNL me parecía algo enredado – el anclaje, el reencuadre, el metanivel, las submodalidades, etc. – encontré que muchos de sus pasos se identificaban con mi búsqueda de resultados en los alumnos. Y así conseguí algunos avances en ellos. Como eran niños desde los 7 a los 16 años, creaba para ellos juegos basados en la PNL sobre el compañerismo, la alegría, la puntualidad y algunos de los valores que ellos pudieran representar con sus dibujos, aquello que les inspiraba y recordaba cada uno, etc.

De esa manera lograba cosas increíbles, no solo musicales y creativas. En muchos de ellos estos juegos impactaban su comportamiento e interrelación con sus compañeritos, mejoraban su forma de comunicarse, con más confianza y seguridad. Algunos de los "ingobernables", se interesaban por atender más en clase, cuando identificaban que una actividad representaba un reto para ellos o una emoción superior a la de estar fastidiando a otros alumnos con sus travesuras.

Empecé a explorar como podía activar esa intuición en ellos, guiarlos y enseñarles a pensar fuera de sus patrones conocidos. La PNL representó para mí una herramienta poderosa, que más adelante utilizaría en mis propios procesos de aprendizaje y desarrollo personal.

La neurolingüística se basa en la premisa de que la forma como percibimos el mundo y nos comunicamos con nosotros mismos y con los demás influye en nuestro comportamiento y resultados. Por ello, a quienes les cuesta identificarse con los procesos interiores y con los pasos que planteo en este libro antes de emprender sus creaciones, recomiendo utilizar algunas de las técnicas y herramientas de la PNL para identificar y modificar los patrones de pensamiento y comportamiento que pueden estar limitando su potencial y bienestar.

Por ejemplo, para la PNL, la brújula interior ayuda en la reprogramación de nuestra mente subconsciente y la eliminación de creencias limitantes que obstaculizan nuestro camino hacia el éxito. Algunas de mis técnicas favoritas aplicadas en mis alumnos: la visualización guiada, el cambio de enfoque para la solución de los problemas, el cambio de anclajes emocionales, la motivación, la simulación, entre muchas otras.

Por si fuera poco, la PNL también nos enseña a utilizar el lenguaje de manera más efectiva para comunicarnos con nosotros mismos y con los demás. A través del uso de afirmaciones positivas, preguntas poderosas y visualización creativa, disponemos de los recursos para influir en nuestra propia percepción y en la manera como nos relacionamos con el mundo que nos rodea. De esta forma, la neurolingüística puede ayudarnos no solo a activar nuestra brújula, sino también a mantenerla ajustada.

Algunos conceptos sencillos de la PNL

1. Plantea que todo problema tiene una solución, solo hace falta la disposición para encontrarla.
2. Toda conducta puede ser reprogramada. Esto es especialmente práctico, si consideramos que gran parte del quehacer artístico, creativo proviene de la inspiración, pero encuentra sus mayores tropiezos en los rasgos de conducta (emociones y comportamientos que nos definen).
3. La programación neurolingüística sigue siendo considerada una pseudociencia. Pero te puedo asegurar que para los procesos de creatividad, funciona. Yo la comparo con las capas de una cebolla, mientras más profundices en lo que define tus patrones de pensamiento, más puedes liberarte de ellos.
4. Dice que cada comportamiento proviene de una intención. Y sabemos que las intenciones están originadas en el pensamiento y éste a su vez en los paradigmas. Así que al trabajar los comportamientos, podemos cambiar los resultados. Para la PNL calibrar nuestra voz interior es volvernos conscientes de los pensamientos y patrones de habla internos. Para eso, nos invita a tomar un momento para observar cómo nos hablamos a nosotros mismos en diferentes situaciones y qué tipo de lenguaje utilizamos. Ejemplo: ¿Tus pensamientos son positivos y alentadores, o negativos y críticos?

Ahora bien, si tenemos pensamientos negativos, lo siguiente que debemos hacer es identificarlos con sinceridad y trabajar en cambiarlos por afirmaciones positivas. Por ejemplo, si tendemos a decirnos "no soy lo suficientemente bueno", cambiarlo por "estoy en constante crecimiento y aprendizaje". Lo importante es utilizar afirmaciones que refuercen la autoestima y confianza.

5. Dice que el cuerpo y la mente, hacen parte del mismo sistema. Se apoyan y complementan.

6. Habla de la conexión de los procesos neurológicos, el lenguaje y el comportamiento y de que cada persona tiene su propio mapa del mundo, pero sobre todo, dice que todos tenemos internamente los recursos necesarios para trascender cualquier problema.
7. La PNL ayuda a mejorar habilidades como el liderazgo, la superación del miedo, la capacidad de negociación, entre otras.

Para finalizar quiero compartir una anécdota contigo: uno de los alumnos que tuve hace 5 años en el taller de la musa, Felipe, trajo a su novia. El primer día fue un completo desastre. Aunque ya tenían alrededor de 40 años ambos, su dinámica de pareja era caótica e inmadura. Se gritaban mutuamente, ninguno de los dos oia razones cuando se hablaban, se enjuiciaban el uno del otro, en fin… Llegaron con la esperanza de un cambio. Lo que pasó al cabo de dos días nos sorprendió a todos. En un ejercicio colectivo donde cada estudiante elige con que técnica o herramienta trabajar, ellos decidieron explorar la PNL. Al finalizar el tercer día, eran otras personas diferentes a las que llegaron. Aprendieron a practicar el lenguaje positivo, por primera vez escuchaban cuando alguien hablaba, incluido entre ellos, comenzaron a trabajar la autoreflexión, concluyendo que ambos eran aprehensivos, impulsivos, intolerantes e irrespetuosos el uno con el otro, empezaron a desarrollar la excelencia (en sus palabras, sus actitudes, su forma de interactuar), en fin. Terminaron el retiro de la Musa, renovados y felices. Solo que al final, decidieron separar sus caminos, porque mutuamente se activaban en la dinámica de pareja. Y ambos querían gozar ante todo, de paz.

Un libro que te recomiendo para profundizar en el área de la neurolingüística y el cambio de creencias, a través de la conversación: "El poder de la palabra" de Robert Dilts.

Bancos de inspiración

Realmente cualquier estímulo externo o interno, puede proveerte inspiración, depende del observador en ti. Pero para efectos prácticos, te diré donde puedes encontrar inspiración rápida y disponible, es decir, donde están los "bancos de inspiración". Estos son fuentes de ideas, recursos visuales, ejemplos o cualquier tipo de contenido que pueda servir como fuente de inspiración para personas creativas, artistas, diseñadores, escritores y otros profesionales que requieren estimular su creatividad. Así que si haces uso de esta herramienta, puedes tomar ideas, despertar tu musa, inspirarte con ejemplos, conocer el proceso de otras personas, analizar que resuena contigo e incluso, emular. Así, algunos ejemplos comunes de bancos de inspiración son:

• La naturaleza: para mi es el mayor banco de inspiración que puedes tener. Nos conecta con la tierra, el agua, la raíz, el verde, la vida. Siempre que puedas, escápate a cualquier entorno natural y si vives en él, tienes demasiada suerte.

• La música: te conecta con lo más hondo de tus sentimientos. Desde el amor, el despecho, el rencor, la alegría, la melancolía, etc. todo ello lo puedes encontrar e incluso "forzar" a través de la música. Cuando elijas la que te gusta, intenta escoger la que te pone en el estado correcto para crear.

• Libros, revistas, fotografías e impresos: Cualquiera que sea tu área, los libros, revistas, folletos, fotografías, y publicaciones impresas son fuentes clásicas de inspiración para creativos. Estos materiales ofrecen una amplia gama de ideas, estilos y técnicas para explorar y adaptar a proyectos personales.

• Los museos de arte, de ciencia natural, de historia y todos los que nos acercan a la belleza producida por el hombre.

- Internet: Obviamente el mundo digital es el gran inspirador de este siglo. Allí puedes encontrar todo y en abundancia. Exceso de datos, de herramientas, de técnicas, de inspiración. ¡Pero ojo! es tanta la avalancha información nos está conduciendo a la confusión, la pérdida del enfoque, el aplazamiento, e incluso la frustración. Así que aprende a gestionar el tiempo que inviertes en internet, y la utilidad de tus elecciones, para el beneficio de crear desde tu alma y mente, no tanto desde tus influencias.

Algunas plataformas que encontrarás útiles en la web:

- Pinterest: plataforma en línea en la que los usuarios buscan, guardan y comparten imágenes y contenido visual en tableros temáticos. Pinterest es popular entre los creativos para buscar ideas e inspiración en una variedad de temas, desde diseño de interiores hasta moda, arte y cocina.

- Behance: plataforma en línea de Adobe dedicada a mostrar y descubrir trabajos creativos en áreas como diseño gráfico, ilustración, fotografía, diseño de moda, entre otras. Los usuarios tienen la opción de explorar proyectos inspiradores, seguir a otros creativos y mostrar su propio trabajo.

- Dribbble: comunidad en línea en la cual los diseñadores comparten capturas de pantalla de sus trabajos en progreso o completados. Dribbble es conocido por su enfoque en el diseño de interfaces de usuario, diseño web, diseño de aplicaciones móviles y otros campos relacionados con el diseño digital.

- Instagram: popular plataforma de redes sociales centrada en el contenido visual. Los usuarios tienen la posibilidad de seguir cuentas de artistas, diseñadores, fotógrafos y otras personas creativas, para obtener inspiración a través de imágenes y videos compartidos en sus feeds.

- ArtStation: plataforma en línea que permite a los artistas visuales, incluidos animadores, ilustradores, modeladores 3D y artistas de efectos visuales, mostrar y promocionar su trabajo. ArtStation es una excelente fuente de inspiración para aquellos interesados en el arte digital y la creación de mundos visuales.

• Tumblr: plataforma de microblogging que aloja una amplia variedad de contenido, desde imágenes y GIF hasta texto y videos. Los usuarios exploran etiquetas específicas para encontrar contenido relacionado con sus intereses creativos, como arte, diseño, moda, escritura, entre otros.

Estos son solo algunos ejemplos de bancos de inspiración disponibles en línea y fuera de línea. Lo importante es que escojas uno o varios de ellos que se conecten contigo, siempre recordando que la elección del banco de inspiración adecuado depende de tus intereses creativos.

EJERCICIO # 3. VISUALIZACIÓN Y ACCIÓN

Aunque a lo largo de este capítulo te he invitado a hacer varios ejercicios para descubrir, activar y calibrar tu brújula interna, quiero cerrar con algunos ejercicios adicionales a través de los cuales, podrás fortalecer tu conexión con tu guía interna y poner en práctica lo aprendido:

1) Responde, ¿cuáles son tres situaciones por las que te sientes agradecido hoy? ¿Por qué?

2) Dedica unos minutos a visualizar tus metas y aspiraciones de manera vívida y detallada. ¿Cómo te sentirías al alcanzar tus objetivos? Describe las emociones que experimentarías y la forma en como se siente. Son importantes los detalles.

3) Comienza a ponerte manos a la obra, así que responde:

¿Cuánto tiempo dedicarás cada día a practicar la atención plena o mindfulness? _____ minutos/horas

4) Al final de cada semana, tómate un tiempo para reflexionar sobre tus experiencias. ¿Qué funcionó bien esta semana y qué podrías mejorar en el futuro? Puedes llenar una hoja con cada día de la semana, donde escribas para cada uno:

Funcionó bien:	Podría mejorar:

Cualquier ejercicio de manera consistente, fortalece tu conexión con tu guía interna, pero sobre todo, te mantiene alerta y enfocado para el alcance de tus objetivos y la toma de decisiones.

Evaluación y Sostenimiento

Hay tres pasos básicos a tener en cuenta:

1. Mejora continua.
2. Medición de resultados.
3. Actualización de tus conocimientos.

Para evaluar tus metas y hacerlas sostenibles, te recomiendo seguir estos pasos:

1. Establece metas SMART:

- *Específicas*: define claramente qué quieres lograr.
- *Medibles*: establece indicadores para poder medir el progreso.
- *Alcanzables*: asegúrate de que tus metas sean realistas.
- *Relevantes*: alinea tus metas con tus valores y propósito.
- *Con plazo definido*: establece fechas límite para alcanzar tus metas.

2. Monitorea y evalúa de manera constante:

- Haz un seguimiento regular de tus avances y realiza ajustes si es necesario.
- Identifica qué está funcionando bien y qué aspectos requieren mejoras.

3. Considera la sostenibilidad:

- Evalúa el impacto a largo plazo de tus metas en términos económicos, sociales y medioambientales.
- Asegúrate de que tus metas sean sostenibles desde el punto de vista de recursos, tiempo y energía.

4. Busca retroalimentación:

- Solicita opiniones y consejos de personas de confianza.
- Aprende de tus experiencias pasadas y de los errores, para mejorar en el futuro.

5. Ajusta tus metas según sea necesario:

- No tengas miedo de modificar tus metas si surgen nuevos desafíos o circunstancias cambiantes.
- Mantén la flexibilidad para adaptarte a medida que evolucionas.

6. Celebra tus logros:

- Reconoce y celebra tus éxitos, por pequeños que sean, para mantenerte motivado y seguir avanzando.

Al seguir estos pasos y mantener un enfoque en la sostenibilidad de tus metas, podrás evaluar tu progreso de manera efectiva y garantizar que tus logros perduren en el tiempo.

Cualquiera cosa que quieras crear, un proyecto, una obra, un libro, una canción, un emprendimiento, etc. comienza con una idea y conlleva un proceso. El objetivo de este breve manual de la Musa es apoyar amorosamente ese proceso y mi invitación personal es que lo abordes desde la verdad de tu Ser.

¡Todo lo que creas a partir de la verdad de tu Ser, por sencillo que sea, te permite mejorar lo que ya tienes, extender lo que eres, impactar lo que tocas, expandir lo que haces!

CONCLUSIONES

La Musa no es una inspiración exclusiva de los artistas y quien afirme lo contrario, estaría negando el flujo divino, que pertenece a cualquier individuo viviente, en el planeta.

Esa energía invisible, que nos abarca y contiene al mismo tiempo, está presente, en cualquier momento, en cualquiera de nuestras acciones, emociones y por consiguiente reflejada en nuestras obras. Es la energía de la cual se nutre nuestra llama interior, nuestro fuego interno, nuestra Musa. Cuando sabemos que existe para todos y que nuestra única responsabilidad es mantenerla viva, encendida y conectada a la fuente superior, comenzamos a vivir de adentro hacia afuera.

En esa conciencia de mantener la llama palpitante, se vuelve necesario el proceso sostenido y amoroso de cuidar nuestra fuente, limpiar el terreno y expandir lo que somos a través de ella. Las obras creativas son la expresión y extensión de nuestra Musa.

A sabiendas de cuán poderosa es, debemos buscar aquello que la complemente, eso que nos hará fluir en el mar de la vida, con plenitud y dicha… se llama propósito poderoso.

Si somos conscientes de alimentar nuestro fuego interno y trabajamos por encontrar nuestro propósito poderoso (algunos le llaman el destino del alma, yo prefiero llamarlo, el Plan Infinito), nos embarcamos en el viaje más emocionante de nuestra existencia, fortaleciendo la visión de un futuro tan inspirador y conmovedor, que nos dé un profundo y sagrado sentido de la vida.

El resto se puede lograr. A través de un sistema de

pensamiento, una metodología, la práctica espiritual, etc. Y cada ser humano, cuando busca suficientemente y guiado por su brújula interior, encuentra el método correcto.

Hay muchas maneras de llegar a un mismo lugar. Y finalmente todos cumpliremos nuestro propósito de diferentes formas, modos y tiempos. Cada uno debe encontrar la suya, alineada con su alma.

Una metodología, un paso a paso, un GPS que nos indique las rutas para aclararnos, explorarnos, evaluarnos, deshacer, perdonarnos, organizarnos y pasar a la acción.

Cuando se crea desde el alma, se obtienen resultados milagrosos, obras creativas que cambian el rumbo de la historia, que transforman sociedades enteras, que mejoran las condiciones de la vida en la tierra, que nos hacen avanzar como seres humanos.

Y de eso se trata este libro, de llevarte de la mano, con un lenguaje sencillo y unos pasos claros, hacia la mayor expansión de tu creatividad, hacia un estado permanente de inspiración, para que cualquier cosa que hagas sea el reflejo de tu Ser, tenga tu impronta, tu marca, tu singularidad. Que el éxito en lo que emprendas sea una consecuencia natural de la expansión de tu Ser interno.

Voy a resumirte los aspectos que me parecen esenciales, para el despertar de tu Musa:

1.   Jamás creas que la Musa es una característica exclusiva de los artistas o creativos. Absolutamente todos los seres vivos de este planeta pueden despertarla, activarla y expandirla con intención, amor, voluntad, disciplina y método.

2.   Todos los actos de la vida, incluso los más sinérgicos, los más insignificantes o los más relevantes

merecen realizarse desde la inspiración. Desde esa parte de nosotros conectada con la energía divina, con la fuente de vida.

3.   La mente humana es el contenedor de las ideas creativas y el razonamiento, pero debe servir al espíritu, no al contrario. Requiere ser observada, cuestionada, alimentada, aprovechada, controlada y silenciada. De lo contrario, es aprisionada por las creencias, los hábitos, los miedos, y se convertirá en nuestra gran saboteadora. Una parte de las veces, opera en piloto automático, excepto cuando estamos alertas, presentes, conscientes, despiertos. Puede ser una gran aliada o enemiga de nuestra creatividad.

4.   Hay cientos de herramientas para llevarla a su máximo potencial y es la gran creadora por naturaleza, pero está comandada por quien tiene el verdadero control, la mente subconsciente.

5.   La mente subconsciente es el poder detrás del trono, influye en la mente consciente, en nuestras decisiones, actitudes, gustos etc. y por ende, en nuestra realidad y en nuestro destino.

6.   Hay que aclarar qué queremos, cuáles son nuestros para qué y por qué, buscar nuestro propósito poderoso, y trabajar adentro: ese es el primer paso de la expansión creativa.

7.   Limpiar nuestro entorno físico y nuestro espacio mental. Desapegarnos de lo que no cumple una función útil en nuestra vida, ropa, objetos, por ejemplo, y dejar ir de nuestra vida lo que está deteniendo nuestra evolución, personas, situaciones, relaciones. Despejar mente, cuerpo y emociones para comenzar a crear en terreno fértil.

8.   Conectar con nuestro ser interno, a través de

diversas técnicas: respiración, meditación, oración, yoga o el sistema de pensamiento que más sintonice contigo.

9.   Autoconocimiento riguroso, autoexploración, confrontación de los miedos son claves para el desmantelamiento de nuestros dogmas. De cuán profundo lleguemos en nuestra madriguera dependerá la celeridad para comenzar a trabajar limitaciones, creencias y temores, para crear a partir del amor propio y el poder personal.

10.   Aquello que ves en los demás, es un reflejo de tu propia proyección. Miras con el filtro de tus creencias. Para liberarnos de ellas y comenzar a percibir de otra manera, necesitamos trabajar con nosotros y nuestra versión limitada y parcial de todo lo que nos rodea.

11.   Descubrir las excusas es el atajo de la creatividad, descifrar nuestros bloqueos y leyes personales nos permite liberarlos y aclarar nuestra visión. Nos convertimos en individuos proactivos, más conscientes, livianos y felices.

12.   Crear desde la claridad, la limpieza mental y el poder de nuestra Musa implica perdonarnos a nosotros mismos, reconciliarnos con nuestro niño interno, liberarlo de sus dragones del pasado. Y, por supuesto, implica perdonar a otros, restaurando esa parte de nosotros que necesita sanar. Cada uno vive su proceso de perdón de manera individual. Con el perdón llegan el entendimiento, el desapego, la liberación y la resolución de tomar el control y la responsabilidad de nuestras emociones, sin importar las circunstancias externas.

13.   Comenzar por lo más difícil, tragarse al sapo, nos permitirá autogestionarnos, trascender el miedo por los retos y subirnos a la ola de la vida, con más energía, alegría y entusiasmo.

14.   Mantenernos en el presente, con atención

plena, siendo auténticos y flexibles, aprendiendo y en mejora continua, afina nuestra brújula interior.

15.   La Marca Personal es la proyección de lo que somos sobre nuestras obras creativas. Debe ser coherente y reflejar la verdad de nuestro Ser. Después de un trabajo interno, afincarla, consolidarla y visibilizarla, obedece al hecho de juntar los recursos, definirla y extenderla a lo que hacemos.

16.   Una obra creativa debería ser la extensión de tu alma. Debe reflejar tu coherencia en lo que sea que emprendas: un libro, una canción, un negocio, un restaurante, un proyecto colectivo, un curso, una aplicación o lo que quieras crear.

17.   Otra de las herramientas poderosas para despertar la creatividad y abandonar las excusas y creencias, es la Neurolingüística, que utiliza técnicas y herramientas para identificar y modificar los patrones de pensamiento y comportamiento que limitan nuestro potencial y bienestar. Trabaja en la reprogramación de nuestra mente subconsciente y en la eliminación de creencias limitantes que pueden estar obstaculizando nuestro camino hacia el éxito.

18.   La decisión determina la acción. Así que con el uso de la herramienta adecuada y la disposición para empezar solo sigue la acción.

19.   Nadie tiene una fórmula para la creatividad ni es exclusiva de los artistas. Cada obra depende del universo interno del creador. Decía mi padre: "Hay individuos que crean, otros que crean y hacen y otros que solo hacen". Si pudiera elegir alguno, escogería al que hace, porque de la disposición para la acción, nace la creatividad.

20.   Aparte de los ejercicios prácticos de algunos capítulos,

podrás ayudarte con el manual de trabajo de 25 días, que te compartiré, si me escribes solicitándolo, a través de mi página web: www.saavedracantautora.com.

Cualquier obra o proyecto que comiences, usando estos sencillos pasos, hazlo desde la emoción, la alegría, el agradecimiento, el entusiasmo, el servicio a los demás, el enfoque, la autenticidad, la presencia plena en el momento presente, desde el amor que eres y que constituye tu verdadera naturaleza. El éxito y el avance solo serán una mera consecuencia de despertar a tu Musa.

Saavedra

ACERCA DEL AUTOR

MARÍA ISABEL SAAVEDRA POUCHARD

Más conocida como Saavedra, es periodista, escritora, conferencista y compositora colombiana. Nació en Ginebra Valle del Cauca en Colombia. Es autora de 5 libros; BEMOLES EN TIEMPO DE MUJER, UNA VIDA EN CANCIONES, NO CAMBIES TU MUJER POR UNA HARLEY, MUJERES DE CAÑA DULCE, MUJERES DE FLOR Y CARRIEL y ahora nos presenta: EL DESPERTAR DE LA MUSA. Un trabajo que recopila sus técnicas creativas investigadas y practicadas a lo largo de 20 años, como entrenadora de creatividad y que reúne las experiencias propias y los procesos de cientos de sus alumnos.

De familia musical, Saavedra fue criada en el inevitable ambiente artístico de su pueblo, pues en el salón de actos de su colegio Inmaculada Concepción, nació el Festival Mono Núñez, evento que ganó como solista vocal en el año 1987 y al cual estuvieron vinculados sus padres desde su fundación.

Saavedra conoció, y cantó desde pequeña con todas las figuras vitales de la música colombiana; Jaime Llano, Arnulfo Briceño, Gerardo Arellano, el Trio Calima, Jaime R Echavarría, Alvaro Dalmar, Héctor Ochoa, Jorge Villamil, León Cardona, Luis Uribe Bueno, el Chino León, Silva y Villalba, etc. De formación completamente empírica, desde pequeña fue apoyada por su madre María del Carmen. Estudió Periodismo y Gestión Empresarial, carreras que ejerció hasta el año 2000, cuando descubrió que su verdadera vocación era la música y conoció a su referente mexicano Armando Manzanero, por el cual se retiró definitivamente, para dedicarse a escribir, cantar y componer para otros artistas.

Canta y toca guitarra desde niña y escribe canciones desde los 9 años, tiene 22 álbumes discográficos con canciones propias, lanzados en 25 años de carrera autoral.

Ha sido grabada por más de 300 artistas en el mundo entero por ej. Oscar de León, Andrés Cepeda, Rey Ruiz, Alberto Plaza, Albita Rodríguez, Beatriz Arellano, Ivy Queen, La India, Yolandita Monge, Soraya, Ilona, La Ronca de Oro, Son by Four, Piero, Cumbia Stars, Jorge Rojas, Melody, entre muchos otros. En el año 2000 fue descubierta por Manzanero, quien produjo su primer álbum internacional con Universal Music y Gili Music. Ha sido nominada y ganadora (como intérprete y con sus canciones), a varios premios en la música latina, entre ellos; La Musa de Oro, el Grammy Latino, el Festival de California, el Tabaiba de Oro, el Festival Mono Núñez etc. y sus temas han estado varias veces en Radio Latina, HTV, Billboard etc.

Es miembro activo de la Academia Grammy y ha ofrecido conciertos en los principales teatros de América Latina, Suráfrica, Israel, Europa, Estados Unidos y de su Colombia, donde aún permanecen sus raíces, su familia, sus mejores intérpretes y su corazón. En el Teatro Colón celebró en el 2018, sus 20 años de carrera autoral y los 25 años, con una gira por 25 ciudades del mundo, en los mejores teatros de cada ciudad, en el año 2022.

Un grupo de sus canciones de contenido social, espiritual y vivencial, son utilizadas en cientos de talleres, seminarios, iglesias y conferencias en América Latina. De eso se trata, Cambiar de Piel, Yo soy Tu, Que Bonito, Contar Conmigo, En Pie de Guerra, Homosapiens, Una Nueva Mujer, entre muchas otras.

Continúa realizando giras, escribiendo canciones, facilitando talleres, creando proyectos, emprendimientos y desarrollando ideas de carácter social y cultural, siempre fiel a su propósito poderoso: inspirar y servir a través de su arte.